先秦政治与
古希腊城邦政治

李 渊 著

人民出版社

丛 书 编 委 会

主　任：潘　岳

副主任：朱沛丰　陈　首

编　委：(按姓氏笔划排序)

　　　　马　戎　贝淡宁　刘元春　杨　平
　　　　杨共乐　杨学军　沈卫荣　房　宁
　　　　钱乘旦　温铁军　强世功　潘　维

主　编：杨共乐

编　辑：林伟华　于　淼　刘英凤　赵剑云
　　　　党　健　胡欣宜　王东升

目 录

序 言

战国与希腊

潘 岳*

今天，中国和西方又一次站在了解彼此的十字路口。

在科技层面，我们已经了解西方。在制度层面，我们能部分了解西方。但在文明层面上，彼此的了解却远远不够。

现代文明蕴含着古典文明的精神基因。欧美和古希腊古罗马文明；伊斯兰世界和阿拉伯文明；伊朗与波斯文明；土耳其和奥斯曼文明；俄罗斯和东正教文明；以色列和犹太文明。种种关系连着种种基因演化成种种道路。

中华文明和其他古典文明，既有相通又有不同。了解什么，学习什么，改革什么，坚持什么，正是中央社会主义学院编这套文明互鉴丛书的初衷。而中西文明互鉴，是个浩如烟海的学术领域，写全了不可能，只能针对问题做个简要的历史讨论。

---

* 潘岳，中央社会主义学院（中华文化学院）党组书记、第一副院长。

亨廷顿说，我们需要通过定义敌人，才能认识自己。这是西方的习惯。中国人是通过定义朋友来认识自己。希腊古典文明是朋友。

现代欧美文明认为自己的政治秩序，是融合希腊文明、罗马文明、基督教文明和工业文明的精髓为一体①。其中，古希腊文明是源中之源。比如，古希腊不光为罗马提供了艺术和科学，其政治实践更为罗马提供了经验教训。比如，古希腊宗教神话和哲学是基督教基础教义的重要来源。比如，古希腊思想家对世界客观本源的追问，对实验和逻辑的偏好，为欧洲近代科学的兴起提供了条件。比如，古希腊在政治上贡献了自由、民主、人文主义，成为欧洲文艺复兴和启蒙运动的主要精神源头。读懂希腊古典文明，才能读懂欧美现代文明的内心世界。

希腊古典文明与中华古典文明，长期并存，同样伟大，各成体系。

政治制度方面，希腊城邦多元自治，既有雅典的民主制，又有斯巴达的双王制。中国先秦时期，则是由周代分封制，转为战国末期的中央集权郡县制。

政治观念方面，古希腊视城邦的独立自由为最高价值，

---

① 美国著名政治学理论家、历史学家拉塞尔·柯克指出，"美国秩序源于对西方文明三千年历史的萃取。基督教贡献了自由秩序的基础，希腊古典文明贡献了艺术与科学，罗马贡献了政体与自然法，英国贡献了法治与市场、习俗与盎格鲁传承。"参见拉塞尔·柯克：《美国秩序的根基》，张大军译，江苏凤凰文艺出版社 2018 年版。

中国先秦时期视大一统为最高价值。

共同体构建方面，古希腊没有一个超越各邦之上的共有核心，也从未建立超越各城邦的国家。而先秦时代先是建立起了以周天子为核心的统一秩序，后又建立起了统一国家。

政治认同方面，古希腊城邦始终存在希腊人和蛮族的界限。先秦时期，华夏人和异族之间没有绝对界限，夷夏转化交融，为后世多民族融合奠定了基础。

在所有的不同中，最重要的就是统与分的不同。正是这个不同而带出了其他许多不同。

古希腊文明以分散的城邦形态而著称，但它内部也曾产生过统一的冲动。它曾以城邦联盟的形式诞生过强大的地中海霸权；它曾建立过横跨亚非欧的亚历山大帝国。亚里士多德说，希腊人像欧洲大陆人一样尚武，又像亚洲人一样尚文；既保持了自由的生活又孕育出了最优良的政体；只要能形成"一个政体"，它就具有统治一切民族的能力①。然而，古希腊最终未能做到真正统一，被后起的罗马逐一吞并。

与古希腊几乎同时期，中国正逢春秋战国时代。公元前五世纪到三世纪，战国和古希腊面临相似的历史境地。

①　亚里士多德认为，"希腊各族，正如位于这些地方的中间地带一样，兼具了二者的特性。因为希腊人既生命力旺盛又富于思想，所以既保持了自由的生活又孕育出了最优良的政体，并且只要能形成一个政体，它就具有统治一切民族的能力。"（《政治学》1327b-1328a）参见《亚里士多德全集》第9卷，苗力田、颜一、秦典华等译，中国人民大学出版社2016年版，第243—244页。

第一，都陷入了内部极度战乱。春秋列国制度已经崩盘，陷入了长达213年的兼并战争，被称为战国时代。古希腊城邦在伯罗奔尼撒战争后，陷入了长达200年的内斗，被称为"城邦危机"。

第二，战乱中都出现了统一运动。战国出现了七雄争相统一天下的战争。古希腊出现了呼吁城邦停止内斗，团结一体对外扩张的"泛希腊主义运动"。

第三，统一运动的积极力量都不是核心圈国家，而是军事强大的边缘国家。对战国而言是秦国，对古希腊来说是马其顿。二者都被视为"夷狄野蛮"。

第四，大批知识分子为统一运动上下奔走。在古希腊，是哲学家、雄辩家、戏剧家；在中国，是儒家、法家、道家、纵横家。他们都感受到了时代的危机，都提出了大量哲学、政治、道德命题。

而统一运动的结果不同。

希腊统一运动形成的，是亚历山大帝国，仅七年即分裂，其后的三大继承者王国内斗100年，被罗马逐一兼并。罗马留下了希腊的文化艺术，却抛弃了它的政治制度。

战国统一运动形成的，是大一统秦王朝，虽14年后崩溃，但很快就再次兴起了大一统汉王朝。秦制被后来的历代王朝所继承，整整两千余年。

相似的历史条件下为什么会形成不同的结果，我们通过同时期几个思想家的命运来探索答案。

一、战国：从列国分立到大一统

1.思想制度的熔炉

1975 年 12 月，中国刚搞过"批孔"，反击右倾翻案风又接着刮起。而在湖北的偏僻小县城云梦，却发生了一件对中国史学意义深远之事——修建水利工程的农民在一块叫作"睡虎地"的农田里，挖出了一座秦国小吏的墓。墓主人尸骨之下枕满竹简，竹简上书满秦法。这就是著名的《睡虎地秦简》。

出人意料的是，考古学家在这些法家竹简中，发现了一篇官吏思想培训教材《为吏之道》，核心思想居然是儒家。

——"宽俗忠信，悔过勿重，和平勿怨，慈下勿陵，敬上勿犯，听谏勿塞"。

——"临财见利，不取苟富。临难见死，不取苟免。欲富太甚，贫不可得。欲贵太甚，贱不可得。毋喜富，毋恶贫，正行修身，祸去福存"。

这非孤例。陆续出土的王家台秦简、岳麓秦简、北大秦简中都有类似文字①，说明秦朝晚期已不完全排斥儒家。这和后人对秦"焚书坑儒"、"纯任法家"的绝对化定论不一样。

---

① 参见刘德银：《为政之常》，《江陵王家台 15 号秦墓》，《文物》1995 年第 1 期；陈松长：《为吏治官及黔首》，《岳麓书院藏秦简 1—3 释文》，上海辞书出版社 2018 年版；朱凤瀚：《北大藏秦简〈从政之经〉述要》，《文物》2012 年第 6 期。

不一样的，不只是秦国，还有六国。

通常认为专属秦国的法家制度和精耕农业，实际是魏国发明的；通常认为自由散漫的楚国，实行"县制"比秦国还早；通常认为商业发达的齐国，其《管子》中也含有与秦相似的"保甲连坐"元素。

可见，儒法并行、刑德同用，才是战国晚期的整体潮流，政治观念亦基本趋同。这个政治观念，就是"一天下"。谁也不甘于小区域的分治，都要去争夺完整的天下。不是争要不要统一，而是争由谁来统一。他们相互比的是，谁的生产力发展更快，谁的政治家集团效率更高，谁更能代表天下正朔。对整体"天下"的执着，是历代中国政治家群体最为独特之处。

思想家们也是如此。

百家争鸣，是中国历史上思想自由的第一个高峰，亦是仰慕西方的知识分子们津津乐道的盛景。但大家只注重了"争"的一面，却忽视了"融"的一面。几十年来陆续出土的战国简帛印证了"诸家杂糅"相融相合的现实。郭店简中，可以看到儒家与道家混同；上博简中，可以看到儒家与墨家混同；马王堆帛书中，可以看到道家与法家混同。"德"不为孔孟独享，"道"不为老庄专有，"法"不由商韩把持。在秦征服六国之前，诸子百家的思想融合已经开始。

诸子百家虽然哲学体系差异极大，但有一条共同的底线，即建立"统一秩序"。儒家强调"定于一"的礼乐道德秩序，法家强调"车同轨、书同文"的权力法律秩序，墨家强调"尚同"与"执一"的社会行动秩序。即便崇尚极端自由的道家，对统一秩序也是认同的。老子的"小国寡民"，经常被说成主张分治。但实际上，"小国"只是政治过渡的单元，"邦国"之后还有"天下"这一最终秩序——"以国观国，以天下观天下"，他还反复探讨"取天下"和"天下王"的奥秘。只是他对"天下王"要求太高了，光有权力不行，必须是圣人，"侯王得一以为天下贞"①，类似于哲学王。庄子说"闻在宥天下，不闻治天下也"，经常被解读成无政府主义。实际上，庄子反对的是儒家所谓的"有为而治"，推崇道家的"无为而治"，但"治"的本身是统一的，"万物虽多，其治一也"。

在这个共同基础上，战国成了思想制度的熔炉。秦国的法家贡献了大一统的基层政权；鲁国的儒家贡献了大一统的道德秩序；楚国的道家贡献了自由精神；齐国将道家与法家结合，产生了无为而治的"黄老之术"和以市场调节财富的"管子之学"；魏韩贡献了纵横外交的战略学与刑名法术的治理学，赵燕贡献了骑兵步兵合体的军事制度，如此等等。最后的结果，就是汉朝。汉的政权结构来自秦，意识形态来自鲁，经济政策来自齐，艺术文脉来自楚，北伐匈奴的军事力量来自赵燕旧部。

---

① 《老子》第三十九章："昔之得一者：天得一以清；地得一以宁；神得一以灵；谷得一以盈；侯王得一以为天下贞。"参见朱谦之：《新编诸子集成：老子校释》，中华书局 1984 年版。

大一统，不是秦并了天下，更是天下消化了秦。

2.秦的崛起与荀子之辩

秦汉的道路选择，不是命运的偶然，而是前有夏商周历史经验，后经春秋战国几百年博弈思考。关键是在战国最后五十年。

秦并天下，虽完成于公元前232—前221年的秦王政时代，但奠定统一压倒优势的，是五十年前的昭襄王中期（前269—前262）。当时齐楚两大国战败衰落，只剩下赵国勉力独支。秦采取"远交近攻"战略，准备全力突破赵国。这是秦国征服天下的最后一道关口，同时也是六国联手抗秦的最后机会。

战国志士谋臣们因此分成两大派。函谷关内的秦国，活跃着法家与纵横家。函谷关外的六国，活跃着儒家、道家、兵家、阴阳家、刑名家。齐国的稷下学宫是东方六国知识分子的聚集地，相当于古希腊柏拉图学院。从商鞅变法开始的100年里，这里一直是与秦国对峙的另一个精神世界。

稷下学宫早期由阴阳家主导，孟子游齐后，儒家渐成主导。到后期，战国时代最后一个儒家大师荀子，成为学宫的祭酒。一干就是三任，是谓东方世界的精神领袖。

然而，这样一位儒学大师，却突然去了遵行法家的秦国。

公元前269至前262年之间，60多岁的荀子，一边观察一边记录，穿过秦国座座乡邑城镇，一路走入了都城咸阳。

秦相问他：你来秦国，印象怎么样？

荀子回答：秦的百姓淳朴，不追求声色犬马，尊重官府，像古代的人民。秦的基层小吏忠诚勤俭，办事尽心，不偷奸耍滑，像古代的官吏。秦都城的高级官员，出了家门就是官府，没有私事，不搞朋党，贤明而有公心，像古代的士大夫。秦的朝廷，处理政事速度极快，没有积存的事务，像古代的朝廷①。

在儒家的话语体系中，"古之治"就是古代圣王的治理，是儒家努力的最高目标。对秦政如此高的评价竟出自儒家大师之口。如果不是两千几百年后出土的秦简，荀子这段话会被打成巨伪。

从睡虎地秦简、岳麓秦简到里耶秦简，随处可见秦政权从上到下严格的责任追究制度。一道文书最终发现有错，过手文书每一个环节的官吏都要负责。各乡养牛要定期比赛，排名末尾的乡官要被流放到远方工作。行政出了差错，主官要拿出自己的真金白银赔偿公家。断案判罚不公平，审判者会被脸上刺字罚为刑徒。秦法对行政环节设计之精密，对官

---

① 《荀子·强国》："其百姓朴，其声乐不流污，其服不佻，甚畏有司而顺，古之民也。及都邑官府，其百吏肃然，莫不恭俭、敦敬、忠信而不楛，古之吏也。入其国，观其士大夫，出于其门，入于公门；出于公门，归于其家，无有私事也。不比周，不朋党，偶然莫不明通而公也，古之士大夫也。观其朝廷，其朝闲，听决百事不留，恬然如无治者，古之朝也。"参见王先谦：《新编诸子集成：荀子集解》，中华书局 2013 年版。

僚制度约束之严格，历代王朝居首。

相反，同一时间，荀子对稷下学宫所在地齐国的政治评价则是，"女主乱之宫，诈臣乱之朝，贪吏乱之官，众庶百姓皆以贪利争夺为俗"。齐国是奉行儒家的大国，思孟学派主要在齐国传承，但用儒家理想操作出的政治现实却走了样。

荀子总结道，秦国走到今天，不是幸运，而是必然。"故四世有胜，非幸也，数也。"作为稷下学宫的主持者，说出这样的话，不仅是对六国政治立场的背叛，更是对儒家的背叛。

但荀子还说了一句更重要的话。"尽管秦国具有如此多的优势集于一身，却忧患不可胜数，远远没能达到'王者'的境界，原因是因为缺'儒'"。①

怎样才算是"有儒"呢？

荀子回答，"节威反文，用端诚信全之君子治天下，因与之参国政、正是非、治曲直。"秦制以吏为师，荀子却希望用君子治天下。这是后世"王权与士大夫共治天下"之雏形。

荀子认为，只要秦国补上了这一点，统一天下方可持久。"若是，则虽为之筑明堂于塞外而朝诸侯，殆可矣。"

---

① 《荀子·强国》："虽然，则有其䚦矣。兼是数具者而尽有之，然而县之以王者之功名，则偁偁然其不及远矣！是何也？则其殆无儒邪！"参见王先谦：《新编诸子集成：荀子集解》，中华书局2013年版。

他认识到，儒家虽然有着统一的道德秩序，但没有建立统一的治理体系。法家虽然能建立统一的治理体系，却在精神道义上有着极大缺陷。如果秦国的法家制度，加上儒家的贤能政治与信义仁爱，才能成为未来天下正道。

秦昭王没有理会。荀子返回东方。

几年以后，荀子的话通过一场大仗得到了印证。长平之战，战国史上死亡人数最多的战争。秦国在赵军投降后，背信坑杀了 40 万赵军。即便在血流成河的战国，这也突破了道义的底线。

秦国从来靠现实主义与功利主义取天下，又岂会用仁义道德自缚手脚。

3. 儒法之治

长平之战后，荀子极度痛苦，他放弃了政治，不再周游列国，迁到了齐楚交界的兰陵，从此著书立说、教学授徒。

他教出两个大有名气的学生，一个是韩非，一个是李斯。一个是法家理论的集大成者，一个是法家实践的设计者。讽刺的是，他们不是被商鞅法家学派教出来的，却是被儒家教出来的，体现了荀子兼容复杂思想的底色。

孟子主张"人性本善"，而荀子却主张"人性本恶"，所以只能用严刑峻法，这符合法家学说。

儒家的"天"是惩恶扬善的义理之天，而荀子的"天"却无所谓善恶——天行有常，不为尧存，不为桀亡。所以，世人才可以"制天命而用之",这是中国最早的唯物主义。

儒家崇尚王道,鄙视霸道。而荀子认为虽然王道最佳,但霸道在乱世中也很有用,应该王霸兼用。

儒家只谈义不谈利。荀子却要"义利兼顾"。他认为,义与利是人类两大并列天性。再高尚的制度也不能消灭人的图利之心,而再黑暗的现实也不能泯灭人的求义之心。应同时发挥两者作用。

儒家崇尚礼治,而荀子崇尚礼法兼治。礼不是典章礼节,而是以"度量分配"厘定各自的本分和责任,其中蕴含着法家原则。

儒家崇尚法先王,而荀子认为应该法后王。这给后来的王安石、张居正们的改革以精神底气。

只有这样对立统一的思想体系,才能教出李斯与韩非。

荀子这个看似难以调和的矛盾体,是因为处于大乱之世。孔子生活的春秋末期,孟子生活的战国中期,最大的战争死亡不过十万(艾陵之战与马陵之战),而且几十年才发生一次。但荀子生活的战国末期,死亡十万的战争几乎年年发生。死亡几十万的大战二十年之内就发生了三次(五国伐齐、白起伐楚、长平之战)。在这样超大规模的人道主义灾难中,没有力量的道义和没有道义的力量,都不能回答眼前的现实。他必须要找到一条新路。

公元前247年,秦彻底突破三晋,斩断六国合纵之腰。这一年,李斯学成入秦,开始了政治生涯。

12

听到这个消息，年届80的荀子非但没有高兴，反而绝食了。"李斯入秦，孙卿为之不食"。绝食也没用，另一个弟子韩非紧随其后也应召入秦。前所未见的辉煌大一统王朝正在展开，年轻士子岂能抗拒创造新世界的诱惑。

李斯、韩非入秦后，极大地加速了秦的统一战争。韩非将法家理论发展到极致，囊括了法、术、势等三大流派，秦始皇深为服膺。李斯则设计了法家的全部政策体系。"焚书坑儒"就是他建议的。

他们都忘记了，自己的老师荀子虽然肯定法家手段，却始终坚持着儒家价值观——比如忠义孝悌的伦理；比如从道不从君、从义不从父的士大夫精神；比如政治以王道为根本，用兵以仁义为优先。这个"仁"的精神，与孔孟并无二致。在法家和儒家之间，如何执其中道，很难把握。真理往往在于度。单纯承袭他学说的某个方面都不对。

韩非入秦后，死于和李斯的政治斗争。他写出了法家的一切权术，却不懂基本权争技巧。李斯精通权斗，却斗不过宦官，死前哀叹东门黄犬而不可得。纯粹的权力政治，一定会按照它本身的逻辑来得快去得快而变幻无常。

韩非、李斯死后没多少年，他们设计的帝国迅速崩塌了。秦征服的土地和人民并没有实现与秦的内心融合。他们忘记了老师早就说过，只用暴力，可以兼并，但不能凝聚。凝聚，还要有人心。"兼并易能也，唯坚凝之难也。能并之而不能凝，则必夺。不能并之又不能凝其有，则必亡。得之

13

则凝，兼并无强"。秦朝晚期已经意识到这一问题。2013年出土的湖南益阳兔子山竹简中的"秦二世元年诏令"，已明确提出不要再对老百姓加以徭役（"勿以徭赋扰黔首"）。可惜出台晚了。半年之后，陈胜、吴广在大泽乡揭竿而起。

法家与儒家，哪一个都不能少。如果没有法家，儒家不能完成结构化和组织化，无法实现对基层社会的动员，无法在大争之世自我强化。但如果没有儒家，法家将变成僵化的制度，其威权体系只是完全标准化、垂直化、同质化的执行体系，而儒家则有灵活的、本土的、包容性的调节空间。

何况荀学并非只有儒法，而是战国思想的集大成者。《史记》言荀子之思想乃是总结儒、墨、道家各自的成功失败汇聚而成——"推儒、墨、道德之行事兴坏，序列著数万言以卒"。他批判墨家不懂得建设国家秩序[①]，但吸收其"兼爱"思想，并发展成"天下政治"的无私原则。他批判道家只通天命不通人事，但吸收了其非人格、无善恶的天命观，发展出"制天命而用之"的朴素唯物主义思想。他批判黄老学派的"有诎而无信"，但吸收了其经济思想，肯定了商业对于国家的价值。他将孔孟追求的"纯粹"儒家，变成为驳杂宏阔的"大儒家"。现在看来，百家争鸣到百家兼容，唯有荀子做到了。

"极高明而道中庸"。荀子对于"中道"的定义，比传统

---

① 《荀子·非十二子》："不知一天下，建国家。"参见王先谦：《新编诸子集成：荀子集解》，中华书局2013年版。

儒家更注重实际。他认为，中道的标准只在有益于事理，不必遵从于某种特定教条。用今天的话来说，就是"实事求是"。"凡事行，有益于理者立之，无益于理者废之，夫是之为中事。凡知说，有益于理者为之，无益于理者舍之，为中说。事行失中谓之奸道。"建立于实事求是基础上的中道精神，使中华文明最善于包容完全相反的矛盾体，最善于结合看似不可能的矛盾体，最善于使一切"非此即彼"的事物在中华大地上和谐共生绵延不断。

4."中道"之行

荀子死于前245—前238年之间。活到90岁。

他的思想太驳杂太矛盾，以致他死后的境遇更为曲折。西汉前期的意识形态，是无为而治的黄老之术。后来的汉武帝采纳董仲舒"天人三策"，改宗"有为而治"的儒家政治。儒家结束从孔子以来三百五十年的流浪地位，第一次成为官方意识形态。彼时，有用汉隶撰写的"今文经学"，有用六国文字撰写的"古文经学"，两派斗争了漫长岁月，但无论哪一派上位，只尊孔孟，却从不推崇荀子。他们都认为荀子不纯粹，何况他还有个焚书坑儒的弟子。

千年后，第一个为荀子辩解的，是韩愈。经过安史之乱，痛感国家需要经世致用实学的韩愈，不但鼓励时人为《荀子》注释，还评价荀子"大醇小疵"，除了一点点"杂质"，和孔子没有什么不同。韩愈为此被宋明理学批判了好几百年。因为宋儒以孟子"性善论"和"内圣外王"为归宿，对荀子的"性恶论"和"王霸兼用"绝不容忍①。

因此，当时与孟子并称的荀子，却在儒家成为正统之后的 1800 年里，成了一个阴影里的人物。

一直到清乾隆时，考据训诂的清代大儒们突然意外发现，那些汉初儒学复兴的根本大典，那些今文经学和古文经学传习的经书，竟然全是荀子传下来的。如《春秋左传》、《春秋榖梁传》，如《毛诗》、《鲁诗》、《韩诗》，如《大戴礼记》和《小戴礼记》。梁启超评价说，"汉代经师，不问今文家、古文家，皆出荀卿。二千年间，宗派屡变，一皆盘旋于荀子肘下"。

原来，在七国争雄战火燃烧的最后三十年，他一只手教出了法家奇才李斯与韩非，另一只手却默默书写传授着儒学。当秦朝焚书坑儒时，只有他通过"私学"悄悄传授下来这批根本经典，而被汉儒复述重写。"盖自七十子之徒既殁，汉诸儒未兴，中更战国暴秦之乱，六艺之传赖以不绝者，荀卿也。""荀卿于诸经无不通，而古籍阙亡其授受不可尽知已"②。

一心要改革经典的异端，却是最忠诚于经典的人。没有荀子，儒家经典将全部失传，董仲舒也决搞不成儒学复兴，

---

① 宋儒晁公武在《郡斋读书志》中评其"以性为恶，以礼为伪，非谏诤，傲灾祥，尚强伯之道。论学术则以子思、孟轲为饰邪说，文奸言，与墨翟、惠施同诋。"参见晁公武：《郡斋读书志校证》，孙猛校，上海古籍出版社 1990 年版。

② 参见田汉云点校：《荀卿子通论》，《新编汪中集》，广陵书社 2004 年版。

宋明理学连诞生的机会都没有。荀子无名无位两千年后，才被清廷第一次纳入《四库全书》的儒家部分。此前，他在兰陵的墓（现山东临沂兰陵县）一直荒凉寂寥。明人李晔写道，"古冢萧萧鞠狐兔，路人指点荀卿墓"。又道，"卧烟露兮愁黄昏，苍苍荆棘如云屯。野花发尽无人到，唯有蛛丝罗墓门"。

　　行纯粹者易，行中道者难。随时要准备被两个极端所抛弃所夹击。即便如此，历史最终会沿着中道前进。汉武帝与汉宣帝接受了荀子的思想，"礼法合一"，"儒法合治"，"汉家自有制度，以王霸道杂之"。接着，历代王朝也按照他的思想继续前行。只是因为他的"不纯粹"，所有君王都只用其实而不用其名。好在荀子只唯实不唯名。儒法由此真正合流。法家创造了中央集权郡县制和基层官僚系统，儒家则创造了士大夫精神和家国天下的集体主义伦理，在魏晋唐宋又融合了道家和佛家哲学，创造了儒释道合一的精神世界。这种超级稳定的大一统国家结构发散到整个东亚，成为中华文明与中华民族强而不霸、弱而不分、从不中断的秘密。之所以还称为"秘密"，是因为大多数西方学者至今仍未去研究。

二、希腊：基于城邦的政治想象与实践

1. 大希腊主义

　　公元前346年，在商鞅刚刚完成郡县制改革的时候，相隔万里的雅典也发生了一次意义深远的"精神地震"。震中

是两个人，一个是雅典的头号哲学家亚里士多德，一个是雅典的头号政论家伊索克拉底。

亚里士多德是继苏格拉底、柏拉图之后最伟大的哲人，是现代西方几乎一切重要学问——哲学、逻辑学、政治学、生物学、物理学、诗学、星象学和宇宙哲学的开创人。

伊索克拉底是雅典的雄辩之王。雅典城邦政治，万事皆要通过公民大会辩论。政治家必须同时是雄辩家，是雄辩家就必须学习伊索克拉底。

一个是知识，一个是雄辩，这样两个人，代表着雅典精神的核心。然而，他们却抛弃了雅典，选择了马其顿。

转折，来源于城邦危机。

今天，西方深刻缅怀的希腊古典文明，其实只是雅典历史上的一小段，即伯里克利执政的黄金时期，代表着民主制度的最伟大成就。而这短短几十年黄金期前后，古希腊城邦世界一直陷入无休止的恶性内斗。谁称霸，谁就可以占用小国上交的贡金建设军队。哪个小国不想入盟，就会被暴打，雅典就曾对拒绝加入自己的城邦进行过血腥屠城（米洛斯城和西库昂城）。雅典和斯巴达的恶斗，甚至还一度引入共同宿敌波斯来仲裁。战乱之中，土地逐渐集中到富人手里，失去土地的贫民，为了外邦的金钱变成了雇佣兵，转头攻打自己的城邦。

这种乱局持续了 100 年。

乱局中诞生了一种呼声：全希腊城邦不要再争抢彼此有

限资源，应共同向外征服殖民，去抢波斯抢亚洲，希腊才会获得和平富强。

第一个发出这个呼声的，是伊索克拉底。在发表于公元前380年的《泛希腊集会词》演讲中，他说："希腊人被限制在一个狭小的地带，而且由于土地不足，他们彼此谋害，互相袭击，有的死于每日口粮的缺乏，有的死于战争。""在我们从同一源泉获得利益、和同一敌人进行战斗之前，希腊人不可能和睦相处。等我们摆脱了生活上的贫困——这种贫困使友谊破裂，使至亲成仇，使全人类陷入战争与内乱中——那时候我们才能和睦相处，才能有真正的善意。为此，我们必须竭力使战争尽快从这里转入亚洲大陆（小亚细亚）。"

外侵，征服，掠夺，殖民。过剩的人口在波斯的土地上建立殖民城市；留在本土的人口将重新拥有足够的土地。

这个思路，近代历史学家称为"泛希腊主义"或"大希腊主义"。这可不是因为波斯有侵略威胁，希波战争早就过去一个世纪，双方早已缔结了和平条约。希腊统一运动的根本动力，是解决土地缺乏、人口过剩的问题。传播希腊文明，只是附带产物。这套思路，成为后世西方殖民帝国主义的思想雏形。伊索克拉底可算作是第一个提出殖民帝国主义的人。因为伯里克利虽然曾经提出过雅典帝国主义，但那是黄金时代，扩张之外还带有价值理想。而伊索克拉底的帝国主义是在衰败时代发生的，理想已经消失，只剩下殖民本能。

在呼吁"大希腊"的同时，伊索克拉底最初坚持，统一大业必须由雅典当领头人。认为雅典具有最强大的海军力量，最高级的文明，最具有"道义担当"与"国际主义精神"。有些人反对他。因为征服会带来更大杀戮，不应再重复雅典曾经屠城的黑历史。伊索克拉底认为只要使用暴力的程度和掌握领导权的时间相匹配，就是好的霸权，"既然我们极少使用严厉的手腕，而又能在最长的时期里掌控这种领导权，又怎么不应该受到表扬呢？"

伊索克拉底没有想到的是，他呼吁了四十年，雅典却一直置若罔闻。因为年轻一代演说家们（如德摩斯梯尼）都是内战派。雅典继续打斯巴达，打底比斯，打马其顿。宁可花钱请雇佣军伤害彼此，就是不愿意团结一起对外打波斯。伊索克拉底悲叹道，"一贯囿于自己狭隘利益的城邦永远也不会与其他城邦共享一种和谐的生活"。"（主战派）惯于让他们自己的城邦陷入混乱状态，因为所有城邦的共同和平会危及他们个人的私利。"

雅典不睬他，他只好求助其他力量。在公元前346年的政治集会上，他公开呼吁由马其顿国王腓力来统一希腊①。长久以来，马其顿一直是希腊城邦世界的边缘国家，

---

① 伊索克拉底在《致腓力辞》中说："雅典在任何状态下都不会安宁，除非希腊所有的大城邦结束彼此的纷争，并把战争引向亚细亚，同时还要决心从蛮族人（波斯）那里夺取他们所享有的好处。"参见伊索克拉底：《古希腊演说辞全集：伊索克拉底卷》，李永斌等译，吉林出版集团2015年版。

其祖先和希腊只有着一些模糊的血缘关系。此时的伊索克拉底已经 87 岁高龄，连腓力的面都没有见过。但为了"大希腊"，他给腓力写公开信（《致腓力辞》）说，"我已经不再对雅典和斯巴达抱有希望。这两个城邦各自的麻烦，都已经衰落到最低谷"。他认为唯有腓力王是能出征波斯而使古希腊团结的政治强人。

他还殷勤地向腓力建议道，"你要劝说其他的波斯总督摆脱波斯国王的束缚，前提就是你将给予他们'自由'，并且还要将这种'自由'惠及到亚细亚地区。因为'自由'这个词一来到希腊世界，就导致了我们（雅典）的帝国和拉西第梦人（斯巴达）的帝国的瓦解。"

这些话，和后人对雅典自由民主的印象太不一样了。伊索克拉底无论有多少顶哲人的桂冠，他本质上是个政治家。哲学家可以考虑永恒，但政治家必须面对现实。20 年以后，腓力的儿子亚历山大正是按照伊索克拉底的战略思路，征服了埃及和波斯，建立了大希腊殖民帝国。但亚历山大的老师不是伊索克拉底，而是亚里士多德。亚里士多德在"大希腊"的道路上，比伊索克拉底走得更远。

2."希腊帝国"的精神原型

亚里士多德比伊索克拉底小 37 岁。在伊索克拉底第一次提出"大希腊主义"时，他刚出生于马其顿辖下的色雷斯小城邦。在雅典人眼里，那是边缘蛮族地区。260 年后造反的斯巴达克斯就是这里人。

亚里士多德虽然身在蛮族，却心在雅典。17 岁的他独身一人投奔雅典柏拉图学院，开始了 20 年的哲学生涯。他是柏拉图最优秀的弟子，一度有望成为柏拉图学院的接班人。但是，柏拉图去世时，却将学院交给了亲侄子而不是他。最重要的原因是，亚里士多德是个外邦人。他在雅典不能拥有合法财产（土地），更不能参与政治，因为他没有"公民权"。按照法律，拥有雅典公民权的必须父母都是雅典人。伊索克拉底、苏格拉底、柏拉图，就是血统纯正的雅典人。而亚里士多德无论在雅典住了多久，无论为雅典做出多大贡献，就是没有参与政治的权利。雅典法律，把希腊最伟大的智者和雅典永远分开了；把所有不产于雅典却愿意忠于雅典的士子和雅典分开了。讽刺的是，这条法律正是被西方共誉为民主政治楷模的伯里克利颁布的。

亚里士多德离开了雅典。

伊索克拉底发表了《致腓力辞》的三年后，亚里士多德受邀奔赴马其顿宫廷担任亚历山大的老师。

亚里士多德真正教导亚历山大的时光只有 3 年。上课是在一个前后贯通的山洞里。他按照希腊文明的最高标准塑造着亚历山大。他让 14 岁的少年喜爱上了希腊文学与荷马史诗，并对生物学、植物学、动物学等广阔的知识产生热情[1]。

---

[1] 参见保罗·卡特利奇：《亚历山大大帝》，曾德华译，三联书店 2010 年版，第 48 页。

更重要的还是政治思想。亚里士多德为教育亚历山大专门写了《论君主》和《论殖民地》。哪怕在亚历山大东征过程中，师徒二人也通信密切。据普鲁塔克《传记集》记载，亚历山大在给亚里士多德的信中总是求教政治学道理，说这比他征服一个城池带来的快乐大得多。黑格尔说，亚历山大的精神和事业的伟大正是来自亚里士多德深刻的形而上学①。

亚历山大一边残酷征服，一边传播希腊文明。他在非洲、西亚、中亚和南亚建立了大量拥有竞技场和神庙的希腊化城市，遍及埃及、利比亚、叙利亚、巴勒斯坦、伊拉克、波斯、土耳其、阿富汗和印度。这些希腊化城市的博物院和图书馆成为科学文化、哲学艺术的殿堂。他甚至还把亚洲的动植物标本源源不断送回给正在雅典办学的亚里士多德做研究。之后的拿破仑最崇拜亚历山大，在远征埃及时也带上了大量考古学家，最终发现了罗塞塔石碑，开启了埃及学。

西方帝国主义暴力征服＋文明传播的方式，是亚里士多德发明的。

如果说，伊索克拉底为"大希腊"创造了军事战略，那

①　黑格尔指出，"亚历山大的教养，有力地驳斥了关于思辨哲学对于实践无用的那种流行说法。对于亚历山大，亚里士多德不采用近代一般的浅薄的教育王子的方法来教育他，关于这一点，只要看看亚里士多德的诚恳认真，就可以很自然地意识到：亚里士多德是知道什么是真理，什么是真的文化教养的。"参见黑格尔：《哲学史讲演录》，贺麟、王太庆等译，上海人民出版社2013年版。

亚里士多德则为"大希腊"设计了精神框架。

他们内心并非没有矛盾。

伊索克拉底对马其顿提出的唯一要求是，对波斯人可以用"强迫"的手段，但对希腊人要用"说服"的手段（"说服可用于希腊人，强迫可用于蛮族人"）。亚里士多德说得更为明确，马其顿对亚洲人可以像"主人"（对奴隶）那样统治，但对于希腊各城邦的人，要像"头领"（对追随者）那样对待。

这句话正是"希腊帝国"的精髓——内部是民主，外部是殖民；上面是公民，下面是奴隶。美国史学家弗格森说，"帝国"描述的是主体民族和外部民族的关系，和主体民族内部采用什么政治制度无关。这种希腊式帝国，成为日后欧洲帝国的精神原型与政治模板。17世纪之后，欧洲帝国的陆上东侵路线竟和亚历山大有惊人的相似之处。

历史将如何回答他们的苦心呢？

3. 自治与统一

先说伊索克拉底。

公元前338年爆发喀罗尼亚战争。雅典不服马其顿，起兵挑衅，被马其顿打得大败。马其顿乘胜组织科林斯同盟，终于成为希腊世界的霸主，并开始积极筹划进军波斯。

得到这个消息的时候，伊索克拉底已经98岁了，正在希波克拉底的医神庙里祈祷。按理说，他奔走50年的事业，终于能在死前看见了，应该是快慰平生。但意想不到的是，马其顿胜利后的第9天，伊索克拉底突然停止进食，绝食身亡。因为他同时听到内心仍然钟爱的雅典为此死了大批士兵，正在举行葬礼。一兴一亡，一荣一枯，他的灵魂在撕裂，精神在相搏。

他的"大希腊"设想，蕴含着一个无法解决的矛盾——马其顿拥有强力，如何保证它对雅典只用"说服"而不用杀戮？反过来，善于雄辩的雅典，又岂能甘心被马其顿"说服"？死于马其顿阵前的雅典青年尸体，使他明白了日后仍会重复的悲剧。他既珍视自由，又渴望统一。团结统一带来的暴力，会破坏自由。但自由产生的混乱，又会破坏团结统一。理想与现实，矛盾与痛苦，想不通就绝食而终。

他死前的矛盾在他死后愈演愈烈。

希腊城邦再无团结。希腊大军远征前夜，腓力刚死于暗杀，底比斯就闻声而叛；亚历山大刚死于巴比伦，雅典就又揭竿而起；最后，当马其顿与罗马入侵者决战时，希腊城邦竟给了该王国背后致命一击。即便马其顿将希腊的半岛文明拓展成世界文明，但希腊城邦宁可同毁于外人也不买这个账。

另一方面，希腊化帝国走向专制。亚历山大屠灭了底比斯，把妇女儿童都卖为奴隶；他刚征服波斯，就要求希腊联军亲吻他脚下的尘埃，将自己升级为神（宙斯阿蒙之子）。因为骄傲的城邦不肯服从任何"人类"，他不变成神，就无法取得超越城邦进行统治的合法性。他死后，他的亚洲（塞琉古王朝）和非洲（托勒密王朝）的继承者们，也学他将自

25

己及子孙后代都变成了生前接受祭祀的"神王"。从理性的希腊精神中，居然诞生了比王权更专制的"活神"。

希腊城邦的叛离和马其顿帝国的专制，无限发展，因果难分。

弗格森总结说，希腊城邦不可能融合。"希腊城邦是一个有着独特内在构造的单细胞有机体，除非进行再分割，否则无法发展，它们可以无限制地复制同类。但这些细胞，无论新旧，都无法联合起来，形成一个强大的民族国家。"

因为，希腊城邦政治的根基，不是民主，而是自治。斯巴达的双王制、小亚细亚的君主制和雅典的民主制一样长久。城邦自身可以选择任何政治制度，但绝不服从外来的权威。谁有权力决定政治制度呢？只有城邦内的世居者。希腊城邦有投票权的"公民"必须是世代诞生于本地的同族。外邦人无法获得政治权利，更别说成为领袖。

"绝对自治"也意味着"绝对地方主义"，让统一变得不可能。希腊城邦不只反对领土国家，连联邦式国家都反对。马其顿组建的科林斯联盟被雅典痛斥为"奴役"。实际上该联盟只不过是把投票权按照城邦实力分配，大城邦票多，小城邦票少，小城邦都坚决不同意；而若实行小城邦认可的"一城一票"联盟（阿凯亚同盟和埃托利亚同盟），雅典和斯巴达这样的大城邦又觉得亏了，也坚决不同意。

到整个希腊世界被罗马征服之前，他们都没有演化出一套大小城邦都满意的"联邦制"。城邦的利益定要凌驾于共同体利益之上。

4.“分”与“合”

对“分”与“合”，战国与古希腊的政治观念完全不同。

中国上古时代也曾经有过万邦林立、一城一国的局面（执玉帛者万国①），类似于希腊城邦世界。到周初还剩一千八百个部落方国。但最终这些城邦没有长期分立，而是在争斗吞并中形成了地区性王国，进而发展成统一王朝。表面上看，西亚北非的古老文明如苏美尔、埃及和波斯也是如此。其实不一样。亚非古国靠的是“神权”，中国靠的是世俗伦理共识。

夏商周时的邦国世界中，始终存在一个从政治实力到文化影响都处于绝对优势的大邦，作为名义或实际上的共主②。谁能当共主，取决于谁拥有唯一的天命。天命同时包括了武力和道德。道德不是以神权，而是以民心做基础。谁能既强大又保民，谁才能拥有天命。否则，天命就会转移。就会发

---

① 《左传·哀公·哀公七年》：“禹合诸侯于涂山，执玉帛者万国。”参见杨伯峻编著：《春秋左传注》，中华书局 2000 年版。

② 考古学已证实，商作为广域王权国家之影响已到今日长江以南。夏是否作为朝代存在尚有争议，但一派主流观点认为，二里头极为接近夏都。夏商周断代工程首席科学家李伯谦教授表示，由文献史学、考古学、测年技术科学等学科合作研究的结果证实：中国历史上的夏朝是客观存在的，夏史基本可信。参见王丁、桂娟、双瑞：《求解中国考古学“哥德巴赫猜想”——跨越 60 年的夏朝探寻》，http://www.xinhuanet.com/politics/2019-11/30/c_1125292348.htm。

生殷革夏命、周革殷命。但失去天命的邦国并不会被灭亡，而是作为服从秩序者继续生存发展。战国七雄虽不再服从周天子，但却共同认为天命只有一个，分治不能长久。诸子百家争论如此尖锐，却也共同认为，建立统一的秩序，才是由乱入治的要道。同时代的希腊城邦世界不存在共主，只有不同的联盟，互相斗争而从不认为存在一个"共同的秩序"。

从城邦之间的关系来看，周人的新封国对周天子负有拱卫责任，非周人的封国通过与周王朝联姻而建立亲戚关系。封国之间有一整套规矩要遵循，比如一国发生瘟疫，其他国家要支持财物；一国发生灾荒，其他国家要借粮；一国有喜事丧事，各国要前往庆贺哀悼。这些责任是强制性的，由天子负责维持。即便在天子权威减弱的春秋时代，霸主们也要维持这套规矩才能当霸主。这就强化了邦国之间同属"华夏世界"的认同。而古希腊城邦之间，虽然祖先的血缘有一定关系，但彼此之间没有建立责任关系。即便是从母邦殖民出去的新城邦，对母邦也没有责任义务，甚至经常反戈一击。希腊人也苦恼于这一点，举办各种大型节庆和赛事的初衷，就是为了"唤醒"同为希腊人的认同。但即便在希波战争时，希腊人共同身份也只起到微弱作用。

两种文明根性塑造了两种不同的道路。

西方不断走向分。从地域上分，从民族上分，从语言上分。其间也有统一的努力，如罗马的努力，基督教的努力。但分的趋势占据主流，最终归结到了个人主义和自由主义。

中国则不断走向合。从地域上合，从民族上合，从语言上合，其间也有分离的时期，比如王朝更替，比如游牧民族冲击，但合的趋势占主流。造就了中华文明的集体主义根性。

中华文明并不是没有"分"的概念，但并不是"分治"，而是"分工"。荀子对于"分合关系"论述最为明确。他说，人体力弱小，何以能超越禽兽而生存？因为人能组织成集体。组成集体的关键在"分工"。即确定不同的社会角色，但要对彼此承担起责任。只要分工符合"礼义"，就能整合社会。因此，分是为了和，和是为了统一，统一则多力，多力则强大，强大则能够改造自然。①

5. 亚里士多德的思想实验

伊索克拉底死了。说说亚里士多德的命运。

亚历山大辉煌远征时，师以徒贵，亚里士多德荣归雅典，开办了"吕克昂学院"②。经费由马其顿出。

吕克昂学院很快就成了柏拉图学院的劲敌。亚里士多德在吕克昂学院专门收罗和自己一样外邦出身的思想家。雅典人暗骂亚里士多德"忘恩负义"，集合这些外邦人，为马其顿充当智囊、间谍和说客，是文化侵略的急先锋。

---

① 《荀子·王制》："人何以能群？曰：分。分何以能行？曰：以义。故义以分则和，和则一，一则多力，多力则强，强则胜物。"参见王先谦：《新编诸子集成：荀子集解》，中华书局 2013 年版。

② 参见托马斯·阿奎那：《亚里士多德十讲》，苏隆编译，中国言实出版社2003 年版。

亚里士多德的本意或许正是如此。既然雅典只能被智慧征服，那就用更大的智慧来征服它。亚里士多德在吕克昂学院流传下了 47 本著作，建立了人类历史上最广博、最统一的知识体系，被称作他的"第二雅典时期"。他第一次告诉人们，智慧不需要神启，是可以凭借理性和逻辑来认识的。

在这里，他写下了被西方政治学奉为圭臬的名著《政治学》，其中有大量对城邦政治的反思。他将城邦政治分为君主与僭主、贵族与寡头、共和与平民六种形态，他严厉批评了其中的暴民政体，认为暴民政体是不以法律为依归的另一种专制，类似于极端民粹主义。

令人惊异的是，他还提出了"绝对王权"的概念。即"由君主一人代表整个氏族或整个城市，全权统治全体人民的公务，这种形式犹如家长对于家庭的管理"。① 他认为，"整体总是超过部分，这样卓绝的人物，本身恰恰是一个整体，而其他的人们便类于他的部分，惟一可行的办法就是大家服从他的统治，不同他人轮番，让他无限期地执掌治权。"② 这在希腊世界的政治伦理中，可以算是极端的异类。

批评亚里士多德的人说，"绝对王权"是为了亚历山大量身定做的政治理论，说明他热爱权力甚于真理。为他辩护

① 参见《政治学》III.14, 1285b25-30，《亚里士多德全集》，苗力田、颜一、秦典华等译，中国人民大学出版社 2016 年版。
② 参见《政治学》III.17, 1288a25-30，《亚里士多德全集》，苗力田、颜一、秦典华等译，中国人民大学出版社 2016 年版。

的人说，这不过是一个理论推演的极端模式，并非用于实践。其实，他真正在思考的是，如何将马其顿王权政治和希腊城邦政治进行有效融合①。

然而，他的思考与实验没有走到头。

亚里士多德回到雅典的第13年（前323年），亚历山大病死于巴比伦。他是带着遗憾死去的。公元前325年，亚历山大率领着征服了埃及、波斯、印度的雄师万里迢迢来到印度旁遮普邦比亚斯河畔。跨过这条河，是他梦想中的全印度乃至中国。他激情澎湃地鼓励将士们继续前进。而这些征战多年的骑士们，每个人身后都有一支支马队骆驼队，装满了沉甸甸的战利品，他们再也不想东进半步。亚历山大只能顺着河边的斜阳痛哭而返，两年后病死。

在亚历山大折返的这一年，中国的秦惠文王已消化完商鞅变法三十年成果，正式确定了统一天下的雄心；而赵武灵王也在这一年即位，开始搞胡服骑射，打造出东亚最强的骑步兵混合军队。也是在这一年前后，孟子游于邹、滕、魏，继承孔子学说，系统提出了"仁政"思想；庄子游于宋、楚、魏，继承老子学说，提出了"天道"思想；齐国则开始兴建稷下学宫，力图囊括儒、道、名、法、兵、农、阴阳各家，

---

① 绝对王权的概念在欧洲思想史上拥有巨大的影响。中世纪教权高于王权，反对绝对王权的存在。从博丹的"最高主权"到马基雅维利的《君主论》到霍布斯的《利维坦》，欧洲绝对王权的概念渐渐复活。其直接的政治实践，就是法国路易十四"太阳王"的绝对王权统治。但也正是绝对王权导致了法国大革命的暴力。托克维尔在《旧制度与大革命》中对此做了深刻的批判。

中华文明的精神世界由此成型。从军事力量到社会制度，再到思想理念，东西两大古老文明在同一时间孕育出了各自的文明内核。只是历史没有让它们在此时相遇交融。不过，还是留下了一点痕迹。20世纪的考古学家们，在新疆和田挖出了一种奇特的铜钱。钱体是典型的希腊形制（圆形无孔打压），币值和分量却是秦汉规制（"重廿四铢铜钱"、"六铢钱"）。正面是汉文篆字，背面是佉卢文。佉卢文是巴克特里亚王国的文字。这个国家是亚历山大留下的希腊化王国，在今日的阿富汗。通过西迁的月氏王国作中介，它与汉王朝有了文化贸易的交往，为日后更大规模的东西方"丝绸之路"奠定了基础。冥冥中慰藉了亚历山大希望行走到"世界尽头"的梦想。

把目光再移回到希腊。伟大的学生亚历山大刚死，伟大的老师亚里士多德立即遭到反攻倒算。要面临雅典公民大会的审判，借口是他"亵渎神灵"。上次这样被审判而喝下毒芹汁的，是他的师祖苏格拉底。

亚里士多德不愿重蹈覆辙。[①]他逃匿到马其顿控制下的维亚岛上，岛上有温泉松林。一年后，怏怏去世。他的逃跑遭到满雅典的嘲笑，说他没有苏格拉底的风骨。

亚里士多德的学术体系塑造了后世西方文明，却无法征服当时的雅典。希腊城邦对"本土性"的绝对坚持，导致了

---

① 参见托马斯·阿奎那：《亚里士多德十讲》，苏隆编译，中国言实出版社2003年版。

政治的封闭。同时代的战国思想家们比亚里士多德幸运得多，他们可以在各个国家巡游发展。哪里符合自己的政治理想，就在哪里出谋划策。战国七雄的改革，都由外来游士主导。秦之所以能统一天下，正因其丞相与客卿都是外来的知识分子。分治不见得开放，统一不见得封闭。

6. 帝国的湮灭

和伊索克拉底死后一样，亚里士多德死后的局势发展，也走向了他理想的反面。

亚历山大帝国内部分裂，三大继承者王国相互征伐，不断分裂独立。这不是因为亚历山大死得早。在他没死时，除了推动了一部分欧亚上层通婚外，没有对所征占的庞大帝国进行过内部政治整合，更没有进行过基层政权建构。

马其顿帝国的扩张方式，是在所到之处创建希腊式的自治城市。这种"自治"是对留居该城市的希腊殖民者而言，不包括被征服的土著社会。在每个新征服的亚洲城市，亚历山大都把自己的"王友"，派驻到该城市当总督，只管军事和税收，城市的民政依靠希腊移民组成的"自治委员会"管理。为了提前得到税收和降低行政成本，马其顿的总督们甚至向商人们拍卖转让了收税权。

中国战国时代的基层政权组织方式则完全不同。出土秦简显示，秦国每扩张一处，都要建立从县到乡的基层政权组织。其县乡官吏要负责收税、组织垦荒、统计户口、记录物产，再把这些信息输送到秦都咸阳编册保存。秦吏也不在一地久留，而是数年一轮换。这是一竿子插到底的郡县制组织方式。

放弃民政，只要税收与金钱，不服就派军队镇压。一时可以最小的行政成本获取最大的财富，但也放弃了对当地社会的长远整合规划。在这样的体制下，中央强大的时候尚可，一旦中央权力衰弱，离心力就产生了，城市纷纷脱离控制。亚历山大帝国的分崩离析是必然的。

这不能怪亚历山大。因为即便是他的导师亚里士多德，也从未设想过大规模政治体的理论。他的"绝对王权"概念，只是从一个城邦的角度。在那个时代，并不是没有超大规模的政治体可供研究，如埃及和波斯。但亚里士多德认为它们都是"非政治"的，是不先进的，只有希腊城邦政治才能叫作"政治"①。虽然亚历山大帝国是在他的精神指导下成为政治现实，但他依然没有设计出一个比埃及和波斯更"先进"的超大规模政治体的制度。

后人辩解说，虽然作为政治实体的希腊统一国家消失

---

① 亚里士多德认为，"大多数人认为一个大邦必然较为幸福，或许他们是说得对的，但他们未必真正了解一个城邦为大为小的实义，他们以数量为标准，凭人口的多寡来判断邦国的大小，但国势强弱与其以人数来衡量毋宁以他们的能力为凭。如人们的各从其业，城邦也能各尽其用。凡显然具有最高能力足以完成其作用的城邦才可以算是最伟大的城邦。"参见《政治学》VII.4，1326a5-15，《亚里士多德全集》，苗力田、颜一、秦典华等译，中国人民大学出版社2016年版。

了，但作为文化精神的希腊，在罗马的躯体上得以永存，成为欧洲精神的母体。国家灭亡无所谓，文化永存已足够。

这要听听当时的希腊人民怎么说。希腊邦国灭亡过程中，一大批希腊高级知识分子以人质身份被送入罗马贵族家庭当老师。其中就有著名历史学家波利比乌斯。他在名著《历史》中问道，"为什么希腊不断瓦解，罗马却能一直强大"？他那时心中想要的，恐怕不是仅存精神的希腊，而是一个实体与精神共存的希腊。

三、在自由与秩序之间

1. 重新认识思想家

亚里士多德死后，被思想界冷落了七八百年。他的马其顿经历成为他的污点。流传下来的古希腊罗马文献对他极尽讽刺，什么"现实主义"、"功利主义"、"依赖强权者"等。直到中世纪宗教家们为了用他的思想来证明上帝的存在，他才重新获得崇高地位。他的著作保存于埃及的亚历山大图书馆，后来被阿拉伯人获取翻译，又经过十字军东征带回了欧洲，推动了文艺复兴。

伊索克拉底受冷落时间更长。在漫长的历史时期内，人们认为他的自杀是天谴，是因为他与腓力合伙诱骗了希腊。他的墓园立柱顶部，竖立着一尊以歌声惑人的海妖塞壬的雕像。直到近代重新讨论马其顿帝国传播希腊文化功绩时，他才得以被重新评价。

　　荀子身后的命运前面已经说了。再补充一段。1898 年，戊戌变法失败，谭嗣同决意赴死前写的《仁学》痛骂荀子。他认为，中国历代王朝不管表面上用什么意识形态，根本上就是荀学。"两千年来之政，秦政也，皆大盗也；两千年来之学，荀学也，皆乡愿也。唯大盗利用乡愿，乡愿工媚大盗。"梁启超骂得更狠，说荀子就是引法入儒、导致专制主义维持两千年的罪魁祸首。

　　然而，三十年后，不断"以今日之我与昨日之我决裂"的梁启超在去世前不久（1927 年）为荀子翻了案。

　　荀子的头号"罪证"是"性恶论"——"人之性恶明矣，其善者伪"。但梁启超千辛万苦为"伪"字找到了另一个解释：在战国时代，"伪"的古汉语原意不是指虚伪，而是指改变（"心虑而能为之动谓之伪，虑积焉能习焉而后成为之伪"）。荀子并非认为"人性本恶，唯有专制"，而是认为"人性虽恶，但能够改变"。因此，既要有严刑峻法以应对人性之恶，也要有仁义道德以培育人性之善。这就将其与孔孟之学统一起来了。

　　这三十年，梁启超看过了美国门罗主义，看过了"一战"，看过了国联破产；自己干过维新、干过共和、组过立宪党，搞过二次革命。最后回归学海。他看懂了中国，也看懂了自己。

　　终于，他为荀子改了这一个字。

　　近代史上重新评价荀子的，不仅是梁启超。章太炎把荀子尊为孔子之后的圣人；胡适认为荀学与同时代各学派皆有关系；郭沫若说荀子是杂家之祖；冯友兰评价荀子在中国历史地位如同西方的亚里士多德。最后，毛主席说，荀子是唯物主义，是儒家的"左派"。很欣赏荀子"制天命而用之"的哲学观与"法后王"的历史观①。

这几位思想家的命运，说明每一个文明内部，每一种精神追求，都蕴含着巨大矛盾。在人类社会进程上，不存在某种能解释一切的理论，不存在某种普世的绝对原则。每一个致力于改变真实世界而不是构建乌托邦的思想家，终有一刻，都会面临着不可自洽、相反相成的痛苦。但这痛苦和矛盾中，也孕育着相辅相成的未来之路。要敢于不向任何一种绝对性低头，要敢于在不可能处创造可能。

2. 推动文明交流互鉴

当今时代，最大的矛盾是"自由优先"还是"秩序优先"。这恰是希腊文明和中华文明的核心要义。

希腊人对自由的热爱，让"希腊人"从种族的名字变成了"智慧"的代名词。说谁是"希腊人"，就是说他是个智者，不管他出自何方。中国人对秩序的热爱，则让中华文明成为了唯一同根同文并以国家形态持续至今的文明。

很多时候，文明的优点也是它的缺点。拿科技为例，中华文明在历史上就没能产生出像样的近代科学。从制度上

---

① 参见陈晋：《毛泽东阅读史》，三联书店 2014 年版。

说，当对秩序的追求到了极致的时候，便会阻碍效率主义价值观的形成，失去创新技术的动力。从价值观上说，极端实用主义与经验主义忽视了对客观世界的逻辑推理，造成理论、实验和科技互相隔离，阻碍了近代科学在中国的产生。希腊文明的科技成就虽是受亚非古老文明已经积累的数学、天文、工程学知识影响，但毕竟是希腊，而不是亚非古老文明，将这些文明成果做了集中转化，奠定了未来欧洲科学的基础。这是中华文明要始终向希腊文明学习的地方。

中国，不是唯一的大一统文明。但所有的大一统文明，首要的价值基础都在于长久和平。长久和平带来的稳定，混乱自由带来的创新，哪个更值得追求？这涵盖了哲学、政治学、伦理学等领域的无穷争论，可以说是不同文明价值观之争，永远没个定论。即便在古希腊罗马文明内部，对很多问题也会有不同答案。如有古史学家说，古罗马在产生智慧方面，远远不如古希腊。所有哲学与科学，都是古希腊产生的，古罗马只不过产生了几个诗人与工匠。但如果没有古罗马的政治架构，就不会有希腊文化和基督教的世界性传播。如有政治学家说，只有按雅典那样按抽签决定治理权的直接民主，才是真正的民主。但如果没有古罗马的混合政制，雅典精神将永远只限于一个几万人的小城邦，而不会发展成世界性文明。

不同的答案，正是不同的路径。保留这些不同的本身，恰好是为文明日后的升华留下可能。多元与矛盾并存，会为人类文明基因库留下更多种子。

因此，对自由优先与秩序优先的分歧，不应成为中西文明交流的障碍，反而应成为中西文明互鉴的基础。一方面，技术发展进入爆炸式创新的前夜，让我们深刻认识到自由带来的创造力；另一方面，非传统安全危机频繁爆发，也让我们重新认识到秩序的宝贵。对于自由来说，要探讨如何加强秩序，以防止瓦解；对于秩序来说，要探讨如何加强自由，以激发创新。问题不是在自由和秩序中二选一，而是在哪个环节加强自由，在哪个环节加强秩序。

过去，验证一个理念，甚至需要数百年时间，数代人去重复错误。而今天，在技术革命下，几年之间就能看清来龙去脉。唯有懂得反省反思、不断包容、和谐共生、互鉴互融的文明，才是真正可持续发展的文明。为此，中国与欧洲真应该坐下来好好谈谈心。

此为序。

2020 年 5 月

引　语

　　在中国传统典籍中，先秦时期华夏人所建立的政权，如夏、商、周等，被视为中国早期的正统政权，这些政权，特别是其内部封国的形态，与古代希腊人建立的城邦具有某些相似之处，例如，二者都曾出现过小国寡民的政治组织，同时它们在管理方式上也有若干类似之处；但不可否认，二者也存在较大的差别，特别在是否具有政治的统一性方面差异显著。二者的相似性与差异性使得它们具备了比较的可能。从历史维度看，先秦文明与古希腊文明分别被视为中国和西方文明的重要源头，二者对后世中国和西方各国的政体、政治思想、民族思想等影响深远。因此，思考二者的异同，不仅可以展现中国先秦时期政权和古代希腊人所建立城邦的不同形态，也有助我们理解先秦时期政治制度、政治思想的独特性，从而可以更深入地认识中国后世某些历史特征的源头，也为现阶段政策的制定与实施提供一些借鉴。

　　由此目的出发，本书在分析中国先秦华夏政权和古希腊人的国家制度的基础上，拟就以下几个问题做出对应性比较：其一，就中国和古希腊人历史的连续性问题做出比较，以便读者理解二者不同的历史发展道路。其二，比较先秦华夏政权与古希腊人所建立的国家的形成过程，尤其是对血缘共同体在其中所发挥的不同作用做出比较。其三，就双方各自的规模特点及其产生原因，以及双方不同的经济基础对政治的影响做出比较。其四，就双方不同的管理制度做出比较，特别要分析传统上所认为的：中国是君主制或贵族制，而古希腊人的城邦，尤其是雅典以民主制度为主的观念，阐明双方在管理制度方面的各自特点与异同，并分析其形成原因。其五，对中国先秦封国同中央政权的关系，与古希腊的城邦政治的独立性进行比较①，具体比较其统治结构，分析其独立性与统一性问题，并结合时人观念加深对此问题的理解。其六，对中国古代的华夷观念、天下观与古希腊人持有的族群观念、世界主义等思想做出比较，以加深对二者政治异同的理解。

在讨论之前，有必要对文中的"国家"概念作简单说明。它并非现代意义上的"民族国家"，此处也不单纯强调其管理职能，而是强调其具有主权和统治力、拥有一定地域界限和人口等国家特征。在对中国先秦时期，特别是西周等时期的研究

---

① 本文中所用"中央政权"这一概念，主要是商周时期的商王、周天子之中央政权，它们与秦汉之后中央集权制国家中央政权的控制力自然不可同日而语，但先秦时期的中央政权对地方亦有较大的控制权，故本文以"中央政权"概念称呼之。

中，部分学者提到"国家"概念时具有一定含糊性，因为周政
权和周人所封建的诸侯国，似乎都具有上述某些特征，但二者
并不相同，不仅是因为它们分属于不同层级，更是因为它们之
间对主权的享有并不一致，问题的讨论牵涉到学界对所谓"城
邦国家"（又称"都市国家"）与"邑制国家"等概念的讨论（相
关问题将在第六章展开）。为便于行文，本书中所提到先秦时
期的商、周等政权以"国家"概念加以讨论，有时讨论也会涉
及方国（诸侯国），但不以"国家"概念称呼后者。文中需要
讨论的古希腊人所建立的国家，主要以城邦体制为主。同样需
要说明的是，"城邦"这一概念，并非古代希腊人所特有，而
"何为城邦"也并非一个易于回答的问题，事实上，古代人和
现代人关于"城邦"的概念并非均能保持一致，例如，古代希
腊人历史上的某些共同体并不被现代人视为城邦，但在修昔
底德笔下，却被称为 polis，[①] 可见，"城邦"这一概念本身就具
有多重性与含混性，该词在英语世界中通常被称为 city-state 或
polis，表明该词同时具有城市、国家的双重身份，一是作为城
市，故应当存在政治中心，即城市；另一则是作为国家，它还
应具有一定的腹地，在古代希腊，polis 一词 98％的用法与这

[①] Thucydides, *History of the Peloponnesian War*, VII.29. 本书中所用西方古典文
献除《政治学》使用苗力田译本外，其余均使用 Loeb 版本，并参考相
关中译本，根据传统，只标明章节序号，不再标明页码。相关讨论参见
M.H.Hansen, "The Copenhagen Inventory of Poleis and the Lex Hafniensis De Civi-
tate", in L.G.Mitchell and P.J.Rhodes, eds. *The Development of the Polis in Archaic
Greece*, Routledge, 2003, p.5。

两个含义密切相关，①而汉语中的"城邦"同样具有"城—邦"两层含义。但本书讨论更注重城邦的"邦"即国家特性。

　　囿于篇幅，本书主要着眼于对双方历史的宏观性比较。由于研究的时间和地域跨度较大，历史上双方曾经存在的政治体制也千差万别，在有限的篇幅中难以涵盖所有的情形，以希腊人历史上的城邦为例，虽然它常被视为古风、古典时代的典型政治组织形式，而雅典等城邦的管理制度更被视作西方民主制度的源头之一，但城邦在古代希腊人的历史上并非始终存在，在"黑暗时代"之前的爱琴文明时期，克里特岛和希腊大陆都曾出现过一些国家，这些国家虽然可能所统辖的区域和人口有限，小国寡民的形态也有似于古风、古典时代的城邦，但它们可能采用君主体制，国王、将军等贵族拥有较多的土地，享有较大权力，都与后来的城邦模式显著不同。正因如此，部分西方学者不愿将爱琴文明与此后的历史联系起来，而将"黑暗时代"视为割裂爱琴文明与古风古典时代的重要分界线。②其实城邦真正成为希腊政治组织的主要形式，是在古风时代之后，大约在公元前850—前750年之间。③即使如此，这一时期城邦

---

① M.H.Hansen, "The Copenhagen Inventory of Poleis and the Lex Hafniensis De Civitate", in L.G.Mitchell and P.J.Rhodes, eds. *The Development of the Polis in Archaic Greece*, p.8.

② 相关讨论参见黄洋：《迈锡尼文明、"黑暗时代"与希腊人城邦的兴起》，《世界历史》2010年第3期。

③ M. H. Hansen, *Polis, An Introduction to the Ancient Greek City-State*, Oxford University Press, 2006, p.45.

也并非所有地区均具有的现象。中国古代历史上的政治体制也同样充满了变化，甚至在同一时期内，不同诸侯国的情形也有所不同。尽管如此，本书在讨论中，会尽量结合具体的史实和具体的政治实体，如春秋战国时期的诸侯国与雅典、斯巴达等城邦做出研究，力求在宏观视角之外，提供历史的多面性。

第 一 章

中国先秦时期与古希腊人政治的连续性问题

中国先秦时期的政治制度和古希腊人的城邦制度都需置于历史中方可理解，但双方的发展过程却不一致，古代中国的政治和历史观念表现出鲜明的连续性特征，而古代希腊人的历史则带有断裂性，以下试分别言之。

一、中国先秦政治的连续性

在中国传统典籍中，先秦历史可追溯到黄帝甚至更早时期，司马迁在撰述《史记》时就以《五帝本纪》作为中国历史的开端，通过描述一系列的禅让与征服，为黄帝之后的君主确立了时间上的先后顺序，而由于此后夏、商、周三代君主均被视为黄帝苗裔，因此三代君主与黄帝以及三代君主相互之间均建立了血缘联系，但司马迁也承认"百家言黄帝，其文不雅驯，荐绅先生难言之"①。可见，传说中五帝时期的历史难以考证，而相比于五帝时期的历史，似乎夏、商、周干朝的历史更加容易被人所接受，传统上，它们形成了三代历史连续性的框架。对西周以来的历史基本面貌，学界并无太大争议，而夏、商的历史则曾遭遇过严重的挑战。20世纪对古史的最大挑战，来自于以顾颉刚先生为代表的古史辨派，其中，顾先生的"层累地造成中国古史"的论点主要有三：第一，时代愈后，传说中的古史期愈长；第二，时代愈后，传说中的中心人物愈放大；第三，我们不能知道某一件事的真实的状况，但可以知道某一件事在传说中的最早的状况。②在顾先生看来，传说中的中心人物，如尧、舜、禹等是历代层累形成的。但亦有学者指出，顾先生一生，始终对夏代的存在并无太大异议，只是对夏代史迹无明文记载而深感遗憾。③除顾先生之外，当时不少学者对早期历史亦持否定意见，如郭沫若先生在西方科学研究方法指引下，对夏代历史的态度同样激进，他认为，商代才是中国历史的最初源头，而《史记》有关早期历史的记载是完全靠不住的。④学者们对夏、商历史之所以存在分歧，其主要原因不仅在

---

① 司马迁：《史记·五帝本纪》，中华书局1959年版，第46页。

② 顾颉刚：《与钱玄同先生论古史书》，见《顾颉刚古史论文集》第一册，中华书局2011年版，第180页。

③ 孙庆伟：《顾颉刚夏史研究与夏文化早期探索》，《中国国家博物馆馆刊》2015年第5期。

④ 郭沫若：《中国古代社会研究》，收入《民国丛书》第一编76辑，上海书店1989年版，第9—13页。

于对文献可信性的分析与理解不同，更在于考古资料确实相对匮乏，因此要更好地了解古史，也有赖于现代考古学的推动。

19世纪末以来，在殷墟等地出土的商代卜辞逐渐为人所释读，在王国维等学者的努力下，传统史料与出土文献在研究中得以结合，使我们对商代的历史有了更深入的理解。特别是殷墟卜辞中展现出的殷人之先公先王，虽与司马迁所述内容有一定差异，但大体证实了《史记》关于商代早期历史的记载是有一定史实根据的。① 中华人民共和国成立以后，对殷墟等地以及其他地区的商代遗址进行了不断发掘，更在考古基础上，对商代的军事、地理、政治制度、祭祀礼仪乃至经济、社会等有了更深入的研究和理解。② 商代历史的存在自然得到了学界的普遍认可。

较之于商代，有关夏代历史的争议则更大。20世纪50年代末，徐旭升等人曾主持对河南等地的"夏墟"的调查工作，此后，偃师二里头等地的考古发掘对夏文明的研究起到了重要作用，从时间上看，二里头遗址的全部或部分与典籍中夏代的时期吻合，③ 而其所处的中原地带也是传说中夏王朝活跃的地

① 参见王国维先生：《殷卜辞中所见先公先王考》，《观堂集林》卷九，中华书局1959年版，第409—437页。
② 近年来对商代历史综合性研究可参见宋镇豪主编《商代史》系列丛书（中国社会科学出版社出版）。
③ 二里头遗址分为四期，对于其各分期与传说中夏代历史的对应关系尚存争议，相关年代测定情况可参见中国社科院考古所编：《中国考古学·夏商卷》，中国社会科学出版社2003年版，第81页。

区。考古人员在对二里头等地的发掘中，已经发现了可能与宫殿有关的大型建筑群，它们规模较大，[1] 很显然需要调动大量的人力、物力资源方可完成。由于在考古发掘中尚未见到足以证明夏代存在的直接文字材料，夏代的存在与否在史学界、考古学界尚存在争议。部分学者认为，夏文化已经发现，问题只是如何辨认。[2] 但也有学者坚持认为，将二里头遗址与夏都划等号的证据还有所不足，但即便持此类观点的学者也承认，二里头遗址的存在，证明了在相当于传说中夏代的历史时期，中原地区已出现了规模庞大、管理水平相当高的政权。[3] 结合文献资料，这一政权很有可能即是夏，或至少为夏的存在提供了部分证明。

夏、商、周三代的存在，是三代具有连续性的基础，而三代的连续性，首先是考古学和史料所展现的其内部各自的连续性。三代历史悠长，夏代历史暂且不论，商代历史虽然说法不一，但一般认为约有五六百年；两周（西周、东周）的历史约有八百年。因此，夏、商、周各朝代所跨越的历史阶段超过秦以后一般王朝，在这样的阶段中能够保持政治的连续性实属不易。夏代的历史虽无出土文献记载，但在《史记》以及先秦文献中，自禹之后，王位即在姒姓王族内部传递，期间虽传说有后羿、寒浞等人夺取政权，但夏又由少康复国，因此，古代华

---

[1]　中国社会科学院考古研究所编著：《偃师二里头》，中国大百科全书出版社 1999 年版，第 138—159 页。

[2]　参见邹衡：《对当前夏文化讨论的一些看法》，收入中国先秦史学会编：《夏史论集》，齐鲁书社 1985 年版，第 20 页。

[3]　参见徐宏：《何以中国》，三联书店 2014 年版，第 102—127 页。

夏人认为，夏代历史基本是连续的。商代的世系，经由王国维等先生依照甲骨卜辞中的祭祀名称，已经基本确定了司马迁所记殷先公先王以及迁殷之后的王朝世系大体有据。[①] 同时，王先生认为，殷人并未有嫡庶之制，因此王位继承以"弟及为主，而以子继辅之"，[②] 即商代的继承制度并非后世的父死子继，而是所谓的兄终弟及制度。不过，也有学者主张，殷人继承以父死子继为主。[③] 张光直先生又提出殷人王族内部有不同集团，商王出自两大集团，轮流执政。[④] 各家说法有异，但均认为商王必须来自于王族集团，在其家族集团内连续传递，这保证了商王继承的连续性。周天子的继承历史相对清晰，周人为确保王位顺利交接与政权稳定，遵循较为严格的嫡庶制度，即"大子死，有母弟，则立之；无，则立长，年钧择贤，义钧则卜"。[⑤] 王国维先生认为，这是出于"求定而息争"的需要，[⑥] 此制度辅之以周人的天命观念和宗法制度，不仅保证了周政权有序交接，更确保了王位始终在周王族内部传递，而诸侯国君则无法觊觎周王位。有周一代，历时八百年，历史变迁极大，

---

① 目前学界对王先生的观点虽有不少修正，但司马迁所记载的商代世系具有连续性这一论断应是具有依据的。

② 王国维：《殷周制度论》，《观堂集林》卷十，中华书局 1959 年版，第 454 页。

③ 李学勤：《论殷代亲族制度》，《文史哲》1957 年第 11 期。李先生在文中提出，殷王 25 世中，子继 18 世，弟及 7 世，子继为常，弟及为变。

④ 张光直：《商文明》，辽宁教育出版社 2002 年版，第 164—180 页。

⑤ 《左传》"襄公三十一年"，见杨伯峻编著：《春秋左传注》，中华书局 2000 年版，第 1185 页。

⑥ 王国维：《殷周制度论》，《观堂集林》卷十，中华书局 1959 年版，第 458 页。

尤其是西周与平王东迁后的东周,在政治面貌方面存在巨大差异,但周天子在王室内的继承体系并未断绝。王位不断在家族内部传递,这是中国"家天下"传统的反映,从其负面效果看,有其不利于选拔优秀统治者和易于腐化堕落的一面,但客观上也可以抑制为争夺政权而引发的动乱,保证了一定时期内政局的相对稳定。

三代的连续性,除了表现为各代内部的连续性,更表现为三代政治更迭的连续性。不过,在传统典籍中,夏人、商人、周人的历史首先表现为共时性的横向联系。根据《史记》等记载,商人的始祖契、周人的始祖后稷都被认为生活在夏禹时期,并曾服务于夏;而商代,周人也曾经服从于商的统治。在周建立之后,夏、商等国的后裔也受封成为诸侯。因此,三方的共时性贯穿于三代时期。这种共时性也部分得到了考古资料的证实:习惯上将文献中商汤灭夏之前的商文化称为先商文化,考古发掘表明:代表先商文化的下七垣类型与被视为夏文化代表的二里头类型曾长期共存,且有相互渗透的迹象。[1] 此外,在陕西境内,代表周人灭商之前的先周遗址也曾经与商遗址长期并存,并且相互交融,在陶器类型上存在较强的一致性,商文化在进入关中后也吸收了当地特征。[2] 在周原出土的

---

[1] 中国社会科学院考古研究所编:《中国考古学·夏商卷》,中国社会科学出版社 2003 年版,第 137、147 页。

[2] 中国社会科学院考古研究所编:《中国考古学·两周卷》,中国社会科学出版社 2004 年版,第 41 页。

甲骨中，还称周统治者为"周方伯",① 这可证明《史记·周本纪》中"赐之弓矢斧钺，使西伯得征伐"的说法并非毫无根据。因此，三代人群曾为地域上同时存在的人群。

但是，在古代文献中，夏人、商人、周人的关系主要体现为夏、商、周三代是先后更替的王朝，即横向的地域联系转变成了时间上的先后联系。例如，周初形成的《尚书·多士》等篇章中，周人灭商后曾对商人谈及殷夏革命的问题，这表明当时三代先后相承的观念都已经被周人、商人所认可，也被后世的华夏人群所接受。此外，商周更迭的史实也已经为考古资料所证实，在西周初年的利簋铭文中，明确记载有"珷征商，唯甲子朝，岁鼎克闻，夙有商",② 珷即武王简称，这是商周之间更替关系的见证。

不过，即使三代存在政权更迭，但看似仅是时间的先后顺序，其中并不存在历史的连续性和内在关系，而周人逐渐在其中找到了连续性存在的根源，即共有的天命观念。③ 此种以天命为依据形成的政治连续性观念，对后世影响深远，并通过九鼎、五德终始等现象体现出来，有关这一点，学者们已经有较多讨论，这里不再赘述。

政治上的延续性反映在史学上，就是中国历史意识的连续

① 王宇信：《甲骨学通论》，中国社会科学出版社 1993 年版，第 409—436 页。
② 见"利簋"铭文，释文参考于省吾先生《利簋铭文考释》一文（《文物》1977 年第 8 期）。
③ 参见刘家和：《论通史》，《史学史研究》2002 年第 4 期。

性，并进一步推动了政治连续性的稳定发展。司马迁并未明确提及使用甲骨卜辞等材料，但他有关商代历史特别是商代世系的记载，与殷墟卜辞所记录的内容有一致之处，反映出至少在西汉时期，仍保留着有关商代历史相对可靠资料。不过，历史资料只是构成历史书写的基础，司马迁能够将历史追溯到较早时期，固然是因为他掌握了能够反映较早历史相对可靠资料，但更重要的是，他在撰述历史之时具有历史连续的意识，将五帝以来直至汉武帝时期两千余年的历史，看作是一个连续不中断的过程，中间虽有政权更替和阶段性变化，但先秦各阶段的历史具有内在的连续性，同时，先秦历史也与后世的历史构成了连续的整体。此历史的连绵感反过来对确立先秦、秦汉政治的连续性有重要意义，进一步巩固了后世观念中三代的连续性意识。此观念对后世影响深远，后世史家不仅以私人或者官方的身份不断撰写各朝历史，形成了中国史学连绵不绝的宏伟篇章，而且史家即使在撰述断代史时，同样渗透着通史精神。①

还需要指出的是，先秦历史的纵向联系可能形成于人群地域间的横向联系之后，但在政治上的纵向联系产生后，人们又形成了新的横向联系观念。此联系首先建立于西周之后形成的政治认同之上。西周建立后所确立的分封、宗法制度，不仅将周天子的同姓——姬姓人群纳入分封和宗法制度之中，也将异

① 刘家和：《论断代史〈汉书〉中的通史精神》，《北京师范大学学报》2012年第3期。

姓人群通过分封与通婚制度，纳入了周的统治集团，如姜姓的齐国、子姓的宋国等诸侯国亦成为了周政权的重要组成部分，所有的封国理论上都服从最高统治者——周天子的统治。此横向联系与原先夏人、商人、周人的共时性联系有何不同呢？它不再建立在单纯的征服与被统治基础之上，而形成了新的稳固的、受制度性约束的政治认同，在政治认同基础之上，又产生了极具包容性的华夏认同，这对中国后世影响深远。这些都将在后文做更详细的讨论。

二、古代希腊历史中的断裂性

尽管人类在古希腊地区的活动历史较为悠久，但一般认为公元前 3200 年前后，该地区才进入了青铜时代。在研究古希腊人的历史时，学界一般将青铜时代至希腊化时代的历史分为五个阶段，即爱琴文明时代、黑暗时代、古风时代、古典时代和希腊化时代。此划分固然有便于研究之考虑，但也确实反映出古代希腊地区历史发展的阶段性特征。例如，在希腊化时代，不仅希腊人的活动范围大为扩展，出现了此前少见的大范围民族迁徙与交流，而且希腊人与东方民族在政治、文化等方面交往的深度和广度都大为提高，共同语言得以出现，表现出与此前不同的时代特性。黑暗时代、古风时代、古典时代之间，也同样有较为明显的区别，故依据阶段性特征将这一地区历史划分为不同时期是有一定道理的。

阶段性就意味着前后的区别，但并非所有的区别都意味着断裂。与希腊地区的历史相比，中国先秦时期的历史同样存在着阶段性特征，所以司马迁在《史记》中，曾用不同的"表"表明各阶段的特性，但司马迁认为先秦历史是存在不变性的。① 而在古代希腊地区历史的阶段性特征中，却的确蕴含着某些断裂。首先，所谓的希腊人何时进入该地区就是一个问题，如果我们将"说希腊语的人"视为希腊人的话，那么他们来到希腊半岛的时期就值得关注。关于此问题，学界曾出现过不同时间节点的讨论，其中值得重视的是公元前 2000—前 1600 年间的若干时间节点，而判断新人群到来的标准之一，就是希腊社会的陶器等器型出现了巨大变化，这也可被视为原有文化形态的巨大转变②。从政治角度看，鉴于古代希腊地区的各城邦缺乏政治上的统一性，自然不存在统一的王朝更迭。那么如何判断政治和历史是否连续呢？不能否认，个别城邦，如斯巴达，确实存在两位国王在各自家族内世袭的制度，也存在连续的国王谱系，但就整个希腊人的历史而言，毕竟只存在所谓的希腊人谱系，而未能形成一种普遍的政治联系，也就很难体现出希腊人普遍认可的政治连续性。此外，当进入希腊化时代之后，古典时代的城邦形态虽仍然保留，且希腊化的城市在

----

① 刘家和：《论司马迁史学思想中的变与常》，《北京师范大学学报》2000 年第 2 期。

② 对有关说希腊语的人到来的相关争论观点的整理，见 R.Drews, *The Coming of Greeks*, Princeton University Press, 1994, pp.1–24。

东方地区，特别是塞琉古王国（核心地区处于西亚地区）统治区域内有巨大发展，希腊人的体育馆等传统设施仍然保留在城市之中，但此时的城市已经与古风时代、古典时代的城邦有较大的差别了，其重要的表现之一就是绝大多数希腊城市虽然仍保留一定的自治特性，但已经不再是完全独立的政治实体，而受到国王权力的限制。[①] 既然无政治上的连续性，也就很难存在政治的连续性观念了。

学界认为，古希腊人的历史中最突出的断裂可能出现在"黑暗时代"（约公元前 1200 年到公元前 8 世纪中期），尤其体现为文化和政治的断裂。在此时期之前的米诺斯文明和迈锡尼文明时期，希腊大陆和克里特岛已经出现了被视为"宫殿"的石质建筑，反映出较高的工艺水平和动员能力，而包括线形文字 B 在内的文字系统不仅反映出爱琴文明已经具有了较高的文化水平（线形文字 B 是希腊文字），也反映出当时存在复杂的管理系统，故需要文字、印章等手段加以管理，但是在"黑暗时代"，定居点和人口数量大规模缩减，石质建筑退化为木质、泥砖建筑，文字也在一定时间内消失。[②] 如此大规模的衰退持续了较长时间，直至公元前 8 世纪中期，雅典等地的人口

---

① 　弗兰克·威廉·沃尔班克：《希腊化世界》，上海人民出版社 2009 年版，第 132 页。

② 　有关黑暗时代的历史，可参见 A.Snodgrass, *The Dark Age of Greece: An Archaelogical Survey of the Eleventh to the Eighth Centuries BC.*, Edinburgh University Press, 2000。

才出现了迅速增长。① 由于前后两阶段的断裂性明显，且研究材料相对较少，因此这一阶段曾被学界称为"黑暗时代"。而除去文化断裂，该时期政治领域的断裂也值得关注。爱琴文明时期存在的国家制度在此时可能消失了，特别是爱琴文明时期，很可能存在着有较大权力的君主制度，而在此后的希腊人观念中，专制君主是东方的特征，希腊人城邦中的政治制度和管理方式则完全不同于东方，甚至形成了东西方对峙的观念。② 如今，不得不承认，西方学界将"黑暗时代"前后割为两个阶段的观点有意识形态的考虑，即认为此后的城邦社会与爱琴文明时期的王国制度存在较大差异，不愿意将希腊文化乃至西方文明的源头追溯至爱琴文明时期，③但不可忽视的是爱琴文明与后来的古风、古典文明确实在诸多方面存在着差异，其中的断裂性较连续性更为明显。

　　古希腊人并未在政治、社会、文化等领域形成根深蒂固的历史连续性观念，这与他们对历史的认识是一致的。古典时代希腊史学的特点之一，就是史学家将目光局限于自己所生活的年代，这一特点受到现代史学研究者的关注。④ 其中原因之一

---

① 参见 A.Snodgrass, *Archaic Greece*, University of California Press, 1980, pp.15–24。

② 例如，艾迪森·豪尔在讨论与希腊人对立的"蛮族"概念起源时，便注意到该词的东方背景。E.Hall, *Inventing the Barbarian :Greek Self-Definition through Tragedy*, Oxford University Press, 1989, p.4.

③ 黄洋：《迈锡尼文明、"黑暗时代"与希腊人城邦的兴起》，《世界历史》2010 年第 3 期。

④ 柯林武德：《历史的观念》，北京大学出版社 2010 年版，第 26—46 页。

是资料的匮乏。由于爱琴文明之后的"黑暗时代"中缺乏相应的文字资料，因此这一阶段和更早的历史并无可靠的传世文献记录，对古典时代雅典等城邦的居民而言，早期的历史并不清晰。一些学者，如 M.I. 芬利等人，认为"荷马史诗"保留了迈锡尼时代的历史片段，的确，《伊利亚特》中保留的信息一定程度上反映着希腊人对迈锡尼文明的记忆，但是此记忆是极不完整且扭曲的，它是关于消失的英雄时代的"记忆"。① 因此在西方学界，否认"荷马史诗"史料价值的学者大有人在。古典时代两部最重要的历史著作——希罗多德的《历史》和修昔底德的《伯罗奔尼撒战争史》虽然都曾提及希腊早期的历史，但显然对古代历史所知有限，希罗多德的资料不少来自于口头传说，而《伯罗奔尼撒战争史》的开篇部分，虽然提及了米诺斯文明和特洛伊远征等事件，但主要材料源于传说和"荷马史诗"等资料，仍缺乏系统的文献，因此并未能够形成完整的、详细的历史叙述。有限的资料使得古希腊作家在撰述历史时，不得不主要依靠自己听说和亲眼观察的资料，这些口述资料只能在有限时间内得以可靠传播，因此一些重要史著反映的均是某个较短时期内的历史。② 当然，我们不否认一些历史学家曾偶尔展现出历史的连续意识，例如古典时代的色诺芬，在其所编著的《希腊史》一书中，开篇即书"在此之后"，其作品直接承

---

① 　M.I. 芬利：《奥德修斯的世界》，北京大学出版社 2019 年版，第 33—43 页。

② 　关于希腊作家对史料的认识，参见 G.Schepens, "Some Aspects of Source Theory in Greek Historiography", *Ancient Society*, Vol.6 (1975), pp.257–274.

接修昔底德的《伯罗奔尼撒战争史》，是对此书未完成内容的补齐叙述，同时，他在《希腊史》的最后也强调此后的历史应该由后来的史学家续修。① 但是，色诺芬的《希腊史》毕竟只记录了古典时代历史发展的一个片段，与中国历史上《史记》等史书对历史的长过程记述存在巨大差异，而在其《长征记》等作品中，色诺芬关注的仍然是具体事件。即使某些史家存在一定的历史连续意识，但古典时代史学的主流，仍然是关注当代史，而形成的断代史作品由于局限于某个具体的时间点或事件，很难反映历史发展的全貌，也难以具备通史精神，自然不足以体现历史的连续性，这一点进一步阻碍了希腊人政治连续性意识的诞生。而关注长时间历史的普世史，则需要等待罗马时代甚至更晚时代的到来。

那么，希腊人是否全然忽视古今历史的联系呢？古代希腊人有时会将古代人群与自身相比较，他们会认为"荷马史诗"所记载的希腊人与他们一样，都是希腊历史上活动的人群，甚至也认可自身与历史上英雄的联系，以下试举出两个例子：第一，斯巴达国家在崛起过程中，曾经寻找过阿伽门农的儿子俄瑞斯忒斯的遗骸，据说在寻找到遗骸之后，其征服过程更加顺利，这说明斯巴达人将传说中荷马史诗与当代历史相联系，以此为统治的合法性辩护。② 第二个例子则出现于古典时代的雅典，根据波桑尼阿斯的记载，当时雅典的阿格拉，将希腊人战

---

① Xenophon, *Hellenica*, VII.5.27.

② Herodotus, *The Histories*, I.68.

胜波斯人故事，与传说中的希腊人战胜特洛伊人、雅典人战胜阿玛宗人的传说等共同刻在雕塑之上，[①]三者之间的一致性在于他们都是希腊人与异族人之间的对抗，在希腊人和波斯战争的大背景下，雅典人找到了当代与古代（传说）间的一致性，因此对近期历史的追忆也成为了古代历史的回声。

此类古代和后世希腊历史之间的联系，虽以希腊人内部认同的方式表现出来，但体现的多是功利色彩，重点并非强调历史的连续性。在第一个例子中，阿伽门农是传说中的迈锡尼国王，曾经是伯罗奔尼撒半岛地区的领导人，因此，尽管斯巴达人是希腊人中的多里安人，与阿伽门农并不一致，但在斯巴达迎回骸骨的行动中，仍然蕴含了将自身视为迈锡尼政权的合法继承者，进而为自己在伯罗奔尼撒半岛占据优势地位服务的思想。[②]而在第二个例子中，联系建立在希腊人面对异族威胁基础上，是自我与异族相对立意识的产物，古代与现代的相似处在于他们都是希腊人战胜他者的象征。可以看到，希腊人在古代和现代之间建立的联系，主要在于前后历史事件之间的相似性，即古代历史能够为现代历史服务或提供证据，而几件事件虽有时间先后之分，但并不意味着它们有明确的继承关系和前后更替顺序，更未能形成不中断的观念，这与中国的朝代更替且融为一体的观念存在着较大的差异。

---

① Pausanias, *Description of Greece*, I.15. 2–4.
② 参见保罗·卡特里奇：《斯巴达人——一部英雄的史诗》，梁建东等译，上海三联书店 2010 年版，第 59—60 页。

　　从以上的内容可知，中国先秦时期政治观念上已经形成了历史的连续性，此连续性既体现在各朝代的内部，也体现在朝代之间的贯通性上，与天命、共主等观念紧密相连，同时，中国史学思想中也存在连续性；而希腊历史上则存在明显的断裂，政治上也缺乏纵向的连续性意识，这一定程度上是希腊人历史缺乏横向政治联系的产物，客观上也对他们的城邦政治产生了影响。

第二章
中国先秦时期和古希腊人 国家的形成

先秦时期的商周王朝、希腊人的城邦均属于国家的形式，而方国（诸侯国）与由于古希腊的城邦有某种相似性，也曾被某些学者称为城邦，因此它虽然并非一般意义上的国家，但此处也应加以考量。不过，中国先秦时期国家与古希腊人国家的形成过程有所不同，特别是血缘组织在二者形成中发挥的作用存在差异。对双方国家形成的比较研究，也是后续问题比较研究的基础，这里分析二者的形成过程，从中可以认识到，它们已为后世中国和希腊的发展道路奠定了一定基础。

一、中国国家形成与古希腊国家形成过程的比较

中国早期的国家形成于何时？在先秦、秦汉时期的文献中，夏被视为最早的家天下王朝，在夏之前，五帝时代似乎已经存在政治和宗教机构，如已经出现任命官员的情形，《左传》记载：

郯子曰："吾祖也，我知之。昔者黄帝氏以云纪，故为云师而云名；炎帝氏以火纪，故为火师而火名；共工氏以水纪，故为水师而水名；大皞氏以龙纪，故为龙师而龙名。我高祖少皞挚之立也，凤鸟适至，故纪于鸟，为鸟师而鸟名。"①

这段话是春秋时期华夏人关于上古时期官制的认识，他们认为五帝时期即有设置官员的现象；又如《国语》记载，颛顼时"乃命南正重司天以属神，命火正黎司地以属民"，南正、火正都是官员，可见时人认为颛顼时期已出现了掌管具体事务的官员。②不过，这些材料难以称为信史，所谓的五帝时期是部落状态、酋邦或已经是国家形态，也难以断定，即便司马迁对五帝时期历史有所记载，他也不得不承认这一时期的状况"难言之"。因此，有关早期国家制度的探寻，需要借鉴考古资料以获得查证。

讨论这一问题之前，我们必须对中国"早期国家"形态的标准有所认定，正如学者所言，在早期国家的研究中，"根本不存在为整个学术界所公认的国家定义"，③因此这里，我们还是参考部分学者的观点，将国家机器的产生视作中国"早

---

① 《左传》"昭公十七年"，见杨伯峻编著：《春秋左传注》，中华书局 2000 年版，第 1386—1387 页。

② 《国语·楚语下》，见徐元诰撰：《国语集解》，中华书局 2002 年版，第 515 页。

③ 此语为西方学者克烈逊等人之语，转引自谢维扬：《中国早期国家》，浙江人民出版社 1995 年版，第 36 页。

期国家"出现的标志。在公元前7000—前5000年之前的新石器时代遗址中，如舞阳—贾湖遗址等中，已经出现水稻，并出现了石质磨盘等农业工具，反映出当时的农耕部落已经初步形成；在物质文明发展的基础上，艺术、宗教等在这一时期也有发展，如舞阳—贾湖地区发现的骨笛、占卜用龟甲等，展现出当时社会的文化进步。[1] 不过，从规模看，不少定居点只有100—300人的生活规模，以常识判断，此规模难以产生复杂的国家管理机构，因此这些遗址当尚未进入国家阶段。此后的一段时间内，在仰韶文化、大汶口文化的部分遗址中，我们仍能看到物质文明与艺术、宗教的进步，也可以看出定居点规模的扩大化与组织机构的进一步精细化，但即使如此，是否进入国家形态也很难确定，有学者将这一阶段的社会称为中心聚落社会。[2] 在陶寺等遗址中，我们看到了大规模城墙、宫殿等建筑物；这些大型遗址所代表的政权，与周边定居点关系也更加复杂化，聚落的层级也就预示了管理上出现了层级，陶寺可能已经进入早期国家。[3] 此外，在陶寺遗址中，出现了可能用于观测日出确定节气的夯土柱，有学者认为，这

---

[1] 冯沂：《河南舞阳贾湖新石器时代遗址第二至六次发掘简报》，《文物》1989年第1期；参见中国社会科学院考古研究所编著：《中国考古学》（新石器时代卷），中国社会科学出版社2010年版，第134—139页。

[2] 王震中：《中国古代国家的起源与王权的形成》，中国社会科学出版社2013年版，第205—217页。

[3] 王震中：《中国古代国家的起源与王权的形成》，中国社会科学出版社2013年版，第319—325页。

可能对应《尚书》中"历象日月星辰，敬授人时"等语，无论是否如此，陶寺时期的天文历法、四时测定等，当已发展到一定水平。[①] 近年来，对陕西石峁遗址等地的发掘，也展示出当时的管理水平达到相当高度。其后的二里头遗址，聚落规模庞大，手工业水平很高，甚至出现了铜爵等青铜器，则更被视为正史中的夏。综合上述因素，可能在龙山文化后期的中国大地上，已经出现了"早期国家"。[②] 这些早期国家从统治地域和管理机构可能与商周国家还存在差异，但已经具备了以中心统辖周边的模式；由于缺乏相关的文献资料，我们对这些遗址具体的管理体系、管理制度，难以了解；而真正有较丰富的文字资料证明的国家形态，则是商与周，它们已经进入了广域国家阶段。

依据文献所载，中国较早的国家中，相当部分是自发形成的，当然，我们不排除战争等形式带来的国家扩张过程。在讨论三代历史时，可以发现传说中夏与商、周的国家

[①] 参见中国社会科学院考古研究所山西队、山西省考古研究所、临汾市文物局：《山西襄汾陶寺城址祭祀区大型建筑基址 2003 年发掘简报》，《考古》2004 年第 7 期。

[②] 由于定义和标准不同，学术界对于中国国家的形成过程存在不同看法，例如，苏秉琦先生在 1994 年初《国家的起源与民族文化传统》一文提纲中，即提出中国国家起源问题的三部曲模式，即古国—方国—帝国三阶段。参见苏秉琦：《中国文明起源新探》，辽宁人民出版社 2013 年版，第 95—125 页。而张忠培先生则将其改造为方国—古国—帝国三阶段，参见《中国古代的文化与文明》一文，收入张忠培先生《中国考古学走向与推进文明的历程》，紫禁城出版社 2004 年版。这里取一家之说。

发展路径较为清晰，据传统文献记载，禹接受禅让之后获得
了政权，创建了夏王朝，但他并未将政权实质性交付于继承
人——益，而由其子启实际继承了王位，"于是启遂即天子之
位，是为夏后帝启。"禹和启建立最早的"家天下"王朝，在
巩固王位的过程中，则动用了武力。此外，为了维护政权，
传说中舜、禹等曾经征伐过周边的人群；而夏商、商周之间
的政权更迭，更是采取了"有道伐无道"的方式。除传统文
献外，利簋铭文证明，武王伐商战争的确存在，且战争在一
天内完成，这与《史记》所载"甲子日，纣兵败"相吻合。①
虽然后世对武王伐纣是否具有合法性存在争议，但对其采取
武力手段建立政权这一事实并无争议，周人灭商后也一跃成
为了天下共主，政权之间"有道伐无道"的斗争成为了建立
新的国家政权的重要途径。但值得注意的是，这些国家在建
立之前，并非均已经是极其成熟占据广大地域的政权，仍以
周为例，灭商之前，周人不过自称"小邦周"，并曾经长期
臣服于殷，足见其实力并不强大，而根据文献，在周灭商的
十余代以前，周人可能刚刚开始阶级分化的状态，这一点从
《公刘》等文献中可以看出。② 因此，周人的血缘共同体得以
长期保留，甚至在灭商之后，仍将血缘共同体与国家机器密
切结合。

---

① 司马迁：《史记·殷本纪》，中华书局 1959 年版，第 108 页。
② 刘家和：《说〈诗·大雅·公刘〉及其反映的史事》，《北京师范大学学报》
　　1982 年第 5 期。

　　三代时期，特别是商、周王朝君主成为天下共主的同时，其内部也存在着方国（诸侯国）。春秋、战国时期这些诸侯国的扩张也常常通过武力，但在商和西周时期，它们的建立过程，则更为复杂。商代方国中，有些是自发形成的，由于实力对比等原因，它们服从于商王朝的统治，有时候叛服不定，与商王朝的关系往往取决于实力对比；[①] 周代诸侯国情况也有所不同，周初实行分封制度，其中一部分诸侯国的形成方式为"褒封"，就是周人对原有地方政权的确认，而较多的诸侯国则来自周人对共同体内部功臣、同姓宗族的分封，这恰恰是西周时期众多诸侯国建立的方式。

　　根据传世文献，夏、商、周属于不同时代的王朝政权，他们成为天下共主的时间有所不同，这一点已经被古人所认可，这是否说明国家形态在中国历史上曾多次出现呢？首先，文献和考古资料都证明，商、周应当曾是共存的政权，只是先后成为天下共主而已。其次，中国古人将夏、商、周更替的历史视为朝代的更迭，但历史则被视为连续的而决非断裂的。最后，周代所谓的分封虽然具有其特色，但是封国仍处于王朝统治之下，并非彻底新建的独立国家；且建立方国在商代就可能出现，因此这种形态并非是断裂之后重建的。

　　与中国古代早期的国家相比。古代希腊人的国家形成体现出两个明显的特色：一是其历史上，国家形态曾经发生中断；

---

① 　有学者统计，与商人时敌时友的方国约 51 个，参见孙亚冰、林欢：《商代地理与方国》，中国社会科学出版社 2010 年版，第 258 页。

二是其国家形成过程，有多种方式，且与中国有所差异。以下试分别言之。

第一，国家在希腊人历史上曾经不止一次出现，这一点在前文已经有所涉及。在爱琴文明时期，说希腊语的人已经到达了希腊地区，20世纪中叶，迈锡尼文明时期的线形文字B被文特里森等人破译，该文字被证明是希腊语，可见该文明应是希腊人所建立的，而希腊历史在断裂之中也蕴含着某些联系。爱琴文明时期和古风时代，都曾出现国家的形式。在"荷马史诗"等早期文献中，该时期希腊大陆地区已经出现了一系列的国家，这些国家拥有较强的实力，有的国家，如迈锡尼，财富众多。它们曾联合起来对特洛伊发动了远征。传说也得到了考古资料和线形文字B的证明，在迈锡尼、派罗斯等遗址被发掘后，人们发现史诗中的某些内容在迈锡尼文明中确实存在，如野猪牙头盔等，[①]而且根据已经破译的文书可知，当时的希腊地区确实存在着国家，以伯罗奔尼撒半岛西南部的派罗斯为例，当时的派罗斯存在最高统治者——"瓦纳科斯"(wanax)，[②]国家的管理体系按地域可分为不同的层级，大体分为两个省，每个省有7—9个下一级行政区域，[③] 在荷马史诗中作为共同体领导的巴赛勒斯此时正是地方上的官员，此外，派罗斯等地可

---

① 参见 *Iliad*, X.263–264。

② Michael Ventris and John Chadwick, *Documents in Mycenaean Greek: Three Hundred Selected Tablets from Knossos, Pylos and Mycenae with Commentary and Vocabulary*, Cambridge University Press, 1959, p.120.

③ J.Chadwick, *The Mycenaean World*, Cambridge University Press, 1972, pp.72–73.

能还有军事领导人，文书中也有军事人员调动的记录。① 在此基础上，派罗斯等依靠国家机器，建立起相对稳固的政权。这些政权的权力机关已经确立，并已经建立多层的管理体系，基本符合对国家性质的认定。

在爱琴文明衰落后，之后的"黑暗时代"社会组织形式尚存在争议，有的学者认为这一阶段后期希腊已经出现了国家形态，也有的强调原始的城邦已经在这一时期出现，还有的学者认为这一时期应处于酋邦、大人社会等状态，而曾在国内学界占据主流地位的摩尔根所言的军事民主制和氏族社会，已经在方法论和材料上受到不少学者的质疑。② 之所以会存在如此争议，可能与这一阶段希腊社会所表现出的多样性、不平衡性有密切关系，虽然有关这一时期的社会性质仍可继续讨论，但在黑暗时代前期的一段时间内，大量定居点规模减小，原先的国家体制、官僚机构等已经难以维持，国家形态至少在一段时间内难以存在，退回更为落后的状态是可能

① 线形文字 B 文书中可见 lawagetas 一职，一般认为该职务即军事官员，参见 Michael Ventris and John Chadwick, *Documents in Mycenaean Greek: Three Hundred Selected Tablets from Knossos, Pylos and Mycenae with Commentary and Vocabulary*, p.120，另可参见伊恩·莫里斯、巴里·鲍威尔：《希腊人：历史、文化和社会》，陈恒等译，格致出版社 2014 年版，第 82—83 页。

② 国内学者的讨论可参见晏绍祥：《荷马社会研究》，上海三联书店 2006 年版，第 50 页；郭长刚：《试论荷马社会的性质》，《史林》1999 年第 2 期；参见黄洋：《试论荷马时代的性质与早期希腊国家的形成》，《世界历史》1997 年第 4 期；等等。

24

的。① 黑暗时代后期到古风时代前期，希腊人世界中再次出现了国家。而新出现的国家在形式与内涵上，与迈锡尼时代的国家存在明显差异。由于中间存在国家形态的断裂，且前后国家形式存在差异，可以认为，在希腊人历史上，曾不止一次建立起国家制度，其中更为人所熟知的是黑暗时代后期之后，在希腊地区普遍出现的城邦制度。

　　第二，古风时代和古典时代城邦的形成过程表现为多种方式。有些城邦是自发形成的，是通过吞并其他的地区而逐渐发展的，例如斯巴达城邦的扩张，就与斯巴达通过战争占领美塞尼亚地区，并把相当一部分原有居民改造为黑劳士有关。另一类是合并产生的城邦，即多个定居点团结起来，组成新的城邦，即"塞诺西辛"②（有些时候，定居点可能合并为一个城邦，如古典时代麦加波利斯的建立，但有些时候，定居点保留原来的模式，甚至其各自分离的状态都不需要改变）。"塞诺西辛"较典型的例子是雅典，根据修昔底德的《伯罗奔尼撒战争史》记载，阿提卡附近地区原本有较多的定居点，正是在忒修斯的努力下，这些定居点取消了各自原有的管理机构，联合为新的城邦，尽管在这一过程中，忒修斯可能使用了武力，但整体而言，雅典是通过合并而非吞并的方式建立了新的城邦。③ 除了

---

① 有学者倾向于认为这一时期的希腊社会应当处于"大人社会"，参见 J.Hall, *A History of the Archaic Greek World, 1200–479BCE*, Wiley Blackwell, 2014, pp.127–134。

② Aristotle, *Politics*, 1252b27.

③ Thucydides, *History of the Peloponnesian War*, II.15.

合并居住地之外，古希腊人城邦得以扩展的另一重要形式，与大规模的殖民活动有关。在爱琴文明时期，主要的定居点集中于希腊大陆、基克拉底群岛以及克里特岛等地，而在古风古典时代，除上述地区外，黑海沿岸、小亚细亚地区、意大利南部以及西西里岛等地都遍布希腊人的城邦，其中不少是新建的殖民城邦。希腊人在殖民活动中，将原有的政治、经济、文化等模式复制于新的地区，因此新建殖民城邦是旧城邦的复制，这就形成了新建城邦与母邦关系较为平等的局面。虽然城邦形成方式不一，但无论采取何种方式，均是国家或公民自发完成的，而并非类似中国西周时期的诸侯国，由上级机构来完成分封活动。

二、西周的分封与古风时代的殖民

周初曾经有过大规模封建活动，古风时代希腊人也曾开展过殖民活动，二者都存在人口的大规模流动，且同作为新的诸侯国（中国）或城邦（古希腊）出现的重要形式，二者是否有异同呢？

首先，西周时期受封的成员，均为周人统治集团的成员，有些是与周人较为密切甚至长期通婚的异姓贵族，如姜姓的太公，他被封于齐地；更多的则是周人的同姓，即姬姓贵族。《左传》记载，周初分封的诸侯国中：

　　管、蔡、郕、霍、鲁、卫、毛、聃、郜、雍、曹、滕、毕、原、酆、郇，文之昭也。邘、晋、应、韩，武之穆也。凡、蒋、刑、茅、胙、祭，周公之胤也。①

也就是说，这些诸侯是文王、武王、周公等人的后代，由于他们与周天子的亲密关系，因此得到信任和分封。周初将周共同体内部的贵族派遣至各地，在部分地尊重当地习俗的基础上，实现对当地人群的统治。为了维护自身统治，贵族不可能单独受封，受封时获得的人口，除了包括当地土著之外，也有大量周人共同体成员。

　　其次，周人封建的根本目的较为清晰，并非出于商业或其他目的，而是"封建亲戚，以藩屏周"，即一方面加强对受封地的控制，另一方面使得诸侯国成为王室的藩卫。后一点尤为重要，这是周人汲取二叔叛乱的教训，通过封国保卫周王室，由于周封建诸侯与维护其中央政权统治密不可分，也使得新建立的诸侯国与周王朝中央政权的关系最初极为紧密，因此更容易产生"统一"之感，并绵延不绝。

　　再次，受封地域的选择。西周的封国，除了畿内诸侯外，其余诸侯往往选择周人统治基础较为薄弱的地区，甚至是敌对人员聚集的地区，以加强对当地的控制和监视；甚至对受

---

①　《左传》"僖公二十四年"，见杨伯峻编著：《春秋左传注》，中华书局2000年版，第421—423页。

封诸侯本身也加以监督。① 例如，今山东等地为东夷人群聚集区，周人在此基础薄弱，故封齐、鲁等国，管叔、蔡叔等"三监"受封之地，是商人旧地，意在监督商遗民；而唐叔受封的晋国，则是戎狄较为活跃的地区。此类分封，将周人的统治扩张到更大的地区，使得周从最初的小邦周，扩展为一个地域广阔的王朝。

最后，从时间上看，由于周初封建带有很强的政治目的，需要在建政之初，尚未稳定之时，迅速建立封国，以保障周王朝统治的安全，因此诸侯国之建立是以行政命令完成，而非其自发形成的：多数封建过程完成于周初，一批重要的封国，如齐国、鲁国、晋国、卫国、宋国等在周公、成康等时期得以建立，也有部分封国建立较晚，如郑国等，② 但整体而言，大规模封建过程是在短时间内实现的。

而考查希腊人历史上的殖民活动，虽然与西周的封建制度同属移民方式，但希腊人的殖民活动并非中央王朝的统一安排，而是各城邦根据自身需求的自发活动，因此在殖民目的、地域选择、殖民时间、人员选择等方面有所不同。

第一，从目的上看，希腊人采取殖民活动的原因众多：可能有商业的考虑，在某些学者看来，希腊人建立的殖民地与贸

---

① 刘雨：《西周的监察制度》，《古文字研究（第 25 辑）》，中华书局 2004 年版，第 170—171 页。

② 郑国始封君主的君主为郑桓公，是周厉王之子。参见《史记》"郑世家"，中华书局 1959 年版，第 1757 页。

易点最初就难以区分。此外，斯诺德格拉斯认为，公元前 8 世纪前后，希腊出现了"结构性革命"，[1] 虽然"结构性革命"的具体内容存在争议，但此时人口迅速增加，定居点规模扩大应无太大问题。这既是城邦兴起发展的一般原因，也带来城邦中人地关系的巨大矛盾，它逼迫不少城邦向外移民。[2] 还有城邦进行殖民则可能是由于自然环境恶劣，根据希罗多德的记载，爱琴海中的锡拉岛长期干旱，导致了该国被迫挑选人向外殖民。[3] 当然，殖民活动也伴随着对土地的占领和对当地人的征服过程。例如，在赫拉克利亚地区，当地人就被希腊殖民者所奴役。[4] 但不可否认的是，殖民活动的主要因素并非政治目的，更不具有统一的政权需要维护，而是出于人口、经济压力等因素，这是其与中国封国的不同之一。

第二，殖民地域的选择。由于古风时代希腊人的殖民活动不带有政治性目的，因此，殖民活动的选择性就更加灵活，也更加具有实用性，土地、交通乃至当地人群是否容易相处等因素，都会影响希腊人对殖民地的选择。从整体上看，殖民活动更易受制于外部的大环境。根据学界一般理解，希腊人最初的殖民活动向西发展，这可能是由于公元前 8 世纪亚述帝国在东方的压制，使得意大利南部以及西西里岛等地成

---

[1]　参见 A.Snodgrass, *Archaic Greece*, pp.15–24。

[2]　参见奥斯温·默里：《早期希腊》，晏绍祥译，上海人民出版社 2008 年版，第 102 页。

[3]　希罗多德：《历史》，IV.151–158。

[4]　Plato, *Laws*, 6.776D.

为移民的重点；随后，由于在西部地区与腓尼基人以及当地人的竞争日趋激烈，此后希腊人的殖民活动又向东发展，小亚细亚、黑海附近地区等成为了重要的殖民场所。① 此外，北非地区，如昔兰尼等地，也有部分殖民地，这一时期希腊人的殖民活动可谓遍布地中海、黑海附近的广大区域，具有一定的分散性。

第三，殖民活动的时间。与西周的封建过程相比较，希腊人大规模的殖民活动持续时间较长，其中，公元前 8—6 世纪是殖民活动开展的重要阶段，不同城邦的需求和面临的矛盾有所不同，因此它们参与的积极性以及时间也有所差异。例如，某些城邦由于人地矛盾并不十分突出，因此最初参与殖民活动的积极性有限。

第四，殖民人员的选择。殖民活动的领导一般是贵族或者身份较高的人员，但其他参加者的选择有时是被迫或带有强制性。例如，斯巴达在殖民活动中选择的领导者是政治斗争失败的贵族，② 而锡拉岛在殖民活动中则要求，如果殖民活动失败，允许殖民者返回家乡，但被选拔出的殖民者，如果拒绝参加，将受到严厉的制裁。③ 这可能是因为古风时代海外的殖民互动，特别是在其他人口聚居区进行殖民活动，具有相当的风险，不

---

① 参见奥斯温·默里：《早期希腊》，晏绍祥译，上海人民出版社 2008 年版，第 106 页。

② Herodotus, *The Histories*, V.41–48.

③ 转引自奥斯温·默里：《早期希腊》，晏绍祥译，上海人民出版社 2008 年版，第 110—111 页。

仅要迎战海上航行的困难，在达到殖民地后，还需要接受当地居民和自然条件等考验，往往需要通过强制性的措施，才能保障殖民活动的顺利开展。

从封建过程看，诸侯国的建立是周王朝有意识安排的结果，带有明确的政治目的，因此，它们的建立一开始就与中央政权紧密联系，而非独立的国家。古代希腊人城邦的形成，既是征服与自发性形成的结果，更是殖民活动的产物，而殖民活动也是希腊人自主选择的结果，在此过程中，各城邦的独立性得到了充分的展现。

三、血缘组织在中国先秦时期和古希腊国家中的不同地位

恩格斯在《家庭、私有制和国家的起源》一书中指出，国家形成有两大重要标志，一是地域性取代血缘性组织，二是凌驾于社会之上的公共权力出现。[①] 根据恩格斯对希腊、罗马社会的理解，国家与氏族制度的差异性之一，就是"它按地区来划分它的国民"。由此，恩格斯认为，公元前508年克里斯提尼的改革，"撇开了以氏族和胞族为基础的四个旧部落。代替它们的是一种全新的组织，这种组织是以曾经用诺克拉里试验

---

① 恩格斯：《家庭、私有制和国家的起源》，《马克思恩格斯选集》第4卷，人民出版社2012年版，第187页。

过的只依居住地区来划分公民的办法为基础的。"①

不过，恩格斯的研究是建立在 19 世纪对希腊、罗马等古代文明研究之上，并借鉴了摩尔根在《古代社会》中的成果。现当代学术的进展使学者们认识到，摩尔根和恩格斯对古代国家的论断，在分析古代历史，特别是古代中国的历史时，存在某些难以解释之处。早在 20 世纪 40 年代，侯外庐先生在分析中国古代国家形成时，已指出中国古代社会具有早熟的特征，国家形成时"保留氏族制度"，②在此后的研究中，多数学者仍然继承与发展了这一观点，既承认中国很早即出现了国家形态，但又认为血缘性组织仍然在国家治理，特别是基层管理中发挥着重要的作用，地域性组织并未完全取代血缘性组织。这一过程长期存在，成为中国古代国家的重要特点。由于三代特别是西周时期，地方封国与中央政权有密切联系，在统治方式上也有相似之处，因此也将其纳入周代国家予以统一考虑。在研究中，考古资料虽然可以让我们通过定居点、墓葬形式中对家族关系有一定了解，但其对认识国家形态的具体运作的作用受到限制，因此不少的研究仍然借助了文献资料。

传说中夏代确立了"父传子，家天下"的格局，《左传》等文献所记载少康中兴就与其血缘共同体有关，"靡自有鬲氏，

① 恩格斯：《家庭、私有制和国家的起源》，《马克思恩格斯选集》第 4 卷，人民出版社 2012 年版，第 131 页。
② 侯外庐：《中国古代社会史论》，河北教育出版社 2000 年版，第 4 页。

收二国之烬，以灭浞而立少康。"①即利用斟寻等人群的力量才得以复国，血缘组织在此过程中体现出重要作用。对商代是属于集权的国家还是方国的联盟，学界尚存在争议，但商代已经出现了王权，这应无问题，同时商代血缘组织在国家机构中仍起到重要作用，卜辞中常出现"子族"、"多子族"等称谓，有学者认为，卜辞中的"族"应当是血缘共同体。②这种血缘共同体贯穿于商代历史全程，即使在商政权灭亡后，其血缘共同体也并未被摧毁，甚至延续到周代。《左传》定公四年曾记载："分鲁公以大路，大旂，夏后氏之璜，封父之繁弱，殷民六族，条氏、徐氏、萧氏、索氏、长勺氏、尾勺氏。使帅其宗氏，辑其分族，将其类丑，以法则周公，用即命于周。"历来对此段话解释有所不同，但多将"分族"理解为血缘组织，可见殷民六族等血缘共同体不但在商代存在，甚至在西周时期仍有影响。血缘组织在商统治过程中，也发挥着重要作用，在军事指挥系统中，"族"是重要组成部分，如卜辞中常见军事首领率领"众"为商王效力之事。③而在传统文献中，我们也能看到所谓商代国君与同姓人群在军事上、政治上的密切关系，不过，也要承认，随着商人血缘共同体的发展和分化，其内部关系也可能逐渐衰退，如有学者指出，商代后期血缘共同体观

---

① 《左传》"襄公四年"，见杨伯峻编著：《春秋左传注》，中华书局 2000 年版，第 938 页。

② 朱凤瀚：《商周家族形态研究》，天津古籍出版社 1990 年版，第 26—86 页。

③ 朱凤瀚：《商周家族形态研究》，天津古籍出版社 1990 年版，第 30 页。

念当有所减弱，这可能是商灭亡后，其同族之人能够安于周人统治的重要原因。①

　　在周代，血缘组织仍然在国家生活中发挥重要作用。从墓葬等的考古发掘来看，西周时期的贵族，基本上保留了聚族而居的局面，表明血缘共同体在周代同样存在，而它们在周代国家生活中最为突出的体现，是嫡庶、宗法等制度的确立与巩固。这是周初政治制度的重要革新：为了解决血缘共同体凝聚力不足的问题，周人完善了宗法制度——无论商代是否已经存在宗法制度的雏形，但将其制度化并得以发扬光大的显然是周人。借此过程，血缘共同体与政治统治中的地缘关系顺利结合。② 在这些内容中，最重要的是确立了嫡庶制度，保障了嫡长子的继承权，进而确保了统治集团内部权力传承的有序性，也维系了政治、血缘共同体的稳定。周统治集团，还在横向上形成了大宗、小宗制度，具体而言，就是《礼记·大传》所言："别子为祖，继别为宗，继祢者为小宗，有百世不迁之宗，有五世则迁之宗。百世不迁者，别子之后也，宗其继别子之所自出者，百世不迁者也，宗其继高祖者，五世则迁者也。"③所谓别子，就是另起一支为后世之祖先者，而小宗则将别子当

---

① 有关商代是否有宗族，学术界尚存在讨论，这里以周代嫡庶制度为宗族出现的重要标志。
② 关于宗法制度是否产生于殷周之际，学界尚有不同看法。这里采用王国维先生的论点。
③ 郑玄注、孔颖达疏：《礼记正义》，见《十三经注疏》，上海古籍出版社1997年版，第1508页。

作祢来祭。大宗和小宗是相对的，但大宗在小宗面前的权力又是绝对的，即大宗对小宗有统辖权。周人还通过分封制度，使得贵族牢牢地掌握了各诸侯国的政权，并保证各诸侯国的继承关系、宗族关系等也按照嫡庶、大小宗政权执行，在各自内部传承。

由于宗法等制度的影响，在西周中央政权中，核心权力掌握在少数贵族手中，例如周公、召公、毕公、毛公等累世担任执政大臣，形成世官世职的局面，他们对权力的掌握，与自身家族的地位密切相关。随着贵族家族势力坐大，周王室的权威也受到削弱。此外，在各诸侯国内部，宗族对政治亦有深远影响。及至春秋时期，宗族处于逐渐衰落过程中，由于血缘关系淡漠，政治利益往往超越了血缘关系，但各诸侯国的公族（即先君遗族）成员仍对君主权力有一定威胁，正因如此，很多诸侯国君对公族进行压制乃至残酷打击，如卫惠公时，左右公子被杀（《左传》庄公六年），晋献公时期，"尽杀群公子"（《左传》庄公二十五年）等；而在君主权力较为稳定的诸侯国，如楚国等，国君能够控制血缘共同体成员，同族的公卿大夫则凭借血缘关系，成为维系统治的重要支柱。[①] 再进一层，在公卿大夫家族内部，依然存在血缘等公共体，甚至有些非本宗族的人在成为家臣之后，也因采用拟血缘关系，成为家族成员的一部分，掌握相当的权力，这一点已经为学界所熟知。因此，血

---

① 参见朱凤瀚：《商周家族形态研究》，天津古籍出版社1990年版，第433—457页，这里使用狭义公族的概念。

缘共同体与政治权利的结合，不仅存在于国家的中央政权，也是层层保留、长期存在的。

三代时期，血缘与地缘关系在政治中的影响力此消彼长，但血缘组织长期存在，并在政治生活中发挥着影响，相较于恩格斯对国家形态的经典论断，三代国家属于一种较为早熟的形态，因此，不少学者在讨论三代时期，都采用了"早期国家"这一概念。

在希腊人的历史上，城邦出现后，地缘关系当然占据重要地位。形成初期的城邦是否存在着氏族等血缘结构呢？似乎是存在的。例如，西昔翁、斯巴达等多里安城邦中，往往存在三个部落组织。[1] 而在雅典等城邦中，部落组织似乎也长期存在，根据恩格斯的理解，对部落组织的破坏，从忒修斯已经开端，而到克里斯提尼时代完成。在亚里士多德的《雅典政制》一书中，雅典这一伊奥尼亚人城邦在克里斯提尼改革之前曾存在着四个部落，而克里斯提尼亚将原有部落整合为 10 个地域性部落。亚里士多德认为，这一过程是为了使得不同部落的成员混合起来，[2] 那么克里斯提尼改革之前的雅典存在着血缘部落。由此可见，似乎氏族、部落等血缘组织在很多希腊城邦的早期都发挥着作用。

从雅典等城邦建立后的发展历程看，地域性国家也的确取

---

[1]　参见 J.Hall, *A History of the Archaic Greek World, 1200–479BCE*, p.47。豪尔提供了较为详细的表格。

[2]　Aristotle, *Athenian Constitution*, 21.2.

代了血缘性组织在国家发展中的作用。在民主改革中，阿提卡地区被分为了 30 个"三一区"，并在此基础上形成了 10 个新的部落，每个部落由 3 个"三一区"构成，分别来自海岸、内部和城市。而在基层，雅典则由数量更多的德谟构成，每个雅典人都与德谟密切相关，其公民权的取得需要经过德谟的统计，雅典某些重要职务，也是按照部落、德谟等地缘性组织分配名额，这一过程大大削弱了旧部落组织和旧贵族对国家的控制。因此，雅典等城邦似乎是符合恩格斯对希腊社会认识的。

不过，雅典的氏族也比恩格斯等经典作家所论述的内容更为复杂。梭伦改革时期存在的四个氏族曾长期被视为血源氏族，现在看来，此观点可能存在问题。古代希腊人同其他民族一样，并不缺乏后世虚构血缘共同体的现象，例如，古希腊人常自认为自身均是共同祖先希伦的后代，这不仅出现在《名媛录》等作品中，也出现在修昔底德的《伯罗奔尼撒战争史》中，但事实上，此类血缘关系恰一种历史构建的结果。此外，根据布里奥等人的研究，所谓的部落，与血缘关系不大，不过是雅典为中心的几个组成部分而已。[1] 即使我们认可当时存在血缘组织，也要看到雅典早期曾经有非公民被编入共同体的现象。[2] 因此，雅典等地即使存在所谓的氏族制度，其内部的血

---

[1]　参见晏绍祥：《古典历史研究史》（下卷），北京大学出版社 2013 年版，第 298—299 页。另可参见晏绍祥：《古代希腊民主政治》，商务印书馆 2019 年版，第 297 页。

[2]　Aristotle, *Politics*, 1275b35–40.

缘联系恐怕也并非过去认为的那般严格。

尽管在古希腊，特别是雅典发展历程中，血缘组织与地缘性的关系并不似传统观点理解的那样泾渭分明，但在国家稳定之后，地缘性组织成为了雅典等城邦中发挥作用的主要组织，而血缘性组织性意义则淡化了。与之相比，在先秦时期，中国血缘组织与地缘性特征密切结合，形成特有的国家形态，使得政治组织凝聚力更加紧密，而封国甚至更下级的政治实体也因为血缘、姻亲等关系密切结合，这对形成具有统一性的国家体制至关重要。

血缘组织在二者国家形成过程以及形成后发挥的各自作用，对后世中国和西方国家的发展产生了不同影响。尽管血缘组织在春秋战国之后，逐渐淡化，封建制度在历史上被郡县制度所取代也成为主流，但血缘组织在国家政治中的影响并未消除，仍在现实层面和观念层面发挥着作用，不仅地方宗族组织得以保留，成为中国古代基层统治的重要支持力量，而且在观念上，皇帝也被视为上天的长子，帝王与普通民众虽然身份有别，但其关系仍然是类似家族父子的关系，清末思想家严复认为"乃由秦以至于今，又二千余岁矣。君此土者不一家，其中之一治一乱常自若。独自于今，籀其政法，审其风俗，与其秀桀之民所言议思惟者，则犹然一宗法之民而已矣。"[①] 正是对此局面的描述。这种统治局面，造成了两个方面的后果，一方面它使得君主以"四海为家，兆人为子"，推动了君主专制制度

---

① 甄克思：《社会通诠》，严复译，商务印书馆 1981 年版，"译者序"。

进一步发展，压制了民众的反抗意识；另一方面它也加强了君
主的控制能力，对确保其政权稳定有一定的效能。而古希腊人
之间缺乏此类密切的凝聚力，由于原有的血缘联系被打破，①所
谓的希腊人之间的血缘关系并不稳定（从古风时代以后，希腊
人逐渐形成了共有血缘观念），城邦内部的氏族关系也未能与
政治管理完全有机结合，一定程度上导致了古代希腊城邦内部
和城邦之间的凝聚性受到制约。

---

① 西方古代历史上，也曾存在将君主和家长相比拟的现象，例如罗慕路斯
曾被罗马人视为父亲、族主。参见西塞罗：《论共和国》，中国政法大学出
版社 1997 年版，第 56 页。不过，希腊人，特别是雅典等城邦对专制制度
则长期存在敌视。

第三章

先秦时期封国与古希腊人的
城邦之不同基础

无论是先秦时期的方国（诸侯国），还是古希腊人的城邦，其存在都需要一定的物质与经济基础。例如，它们都需要有相应的空间和人口，这是其存在的物质基础，先秦时期的封国与古希腊人的城邦均不大，人口也有限，但其形成的背景有所不同，影响了二者不同的发展道路。除了物质基础之外，二者的经济基础也有所差异，这既适应了当时生产力发展的水平，也对二者不同的政治模式有重要影响。

一、小国寡民

商周时期方国（诸侯国）与古希腊人的城邦，有一些相似之处，它们往往都具有小国寡民的特征，这一点常常为人所提及，此共同点是西周时期中国诸侯国和古希腊城邦能够存在的基础。不过，双方却也有某些差异之处。鉴于城邦作为国家形式（封国也具备部分国家特征），大体应该具有以下三个要素：人口、地域和政府，[①]其中，人口和地域是测量国家规模最重要的两个要素，在此部分主要就其这二者做出讨论。

　　西周之前，天下已存在不少方国。《史记·五帝本纪》记载，黄帝时期，"置左右大监，监于万国，万国和。"尽管此段材料的可靠性很值得怀疑，且这一时期的"国"并不等同于我们理解中的国家，但中国早期在有限地域内具有数量众多的政治共同体是可能的，其规模当然不会太大。在相当于五帝时期的龙山文化晚期，我们看到在中原地区存在不少聚落群，其中大的聚落十余万平方米，小的聚落只有数千平方米，[②]如果把这些共同体视为邦国的话，可理解当时小国寡民的"邦国众多"的局面。在相当于夏代的二里头文化时期，此局面仍较为明显。二里头遗址的都邑面积较大，但是其文化影响区域内，定居点数量众多，除了大师姑遗址、稍柴遗址等面积较大外，还存在不少较小的定居点，大多数聚落的面积不足十万平方米，按照考古学家的推测，它们与较大的定居点一样，应该被纳入以二里头为顶点的中原王朝的政治疆域之内。[③] 这种格局为后来商周时期方国林立的局面奠定了基础。

　　除文献中的夏之外，作为统治中心的商、周王朝，其最初也是小规模的方国。《孟子·公孙丑上》中提到："汤以七十里，

[①]　M.H.Hansen, ed. *The Ancient Greek City-State*, Munksgaard, 1993, p.7.

[②]　参见徐宏：《何以中国》，三联书店 2014 年版，第 40 页。

[③]　徐宏：《何以中国》，三联书店 2014 年版，第 130—148 页。

文王以百里。以力服人者，非心服也"，商、周都是从小国发展起来，由于其赢得民心，故能取得政权，这表明古人即已认为商、周王朝最初的规模都极为有限。商王朝尚如此，其属下的方国规模可想而知。考古发现证实了这一点：一方面，商代方国数量众多，岛邦男等人对卜辞中出现 50 余个方国进行了研究，[①] 而钟柏生统计的方国有 84 个，[②] 这些方国分布广泛，位于商统治的核心地带及其周边，卜辞中，商王可以对周边地区，甚至远至湖北等地进行控制和征伐，[③] 如湖北盘龙城可能正是商文化影响下的方国。另一方面，方国虽多，分布虽广，其个体面积当有限，甚至在较小区域内可能分布多个方国，因此其实力都无法与商王抗衡，不得不服从于商人的统治。即使后来灭商的周人，在灭商后也自称"小邦周"，此称呼固然可以从不同角度理解，但国土、人口等无疑是其中重要内涵之一。周立国后，分封制度逐渐系统化，诸侯国众多，但多数封国面积仍然有限，西周初年尤为如此，如齐国为西周、春秋战国时期的大国，但据后世记载，其面积"南至于岱阴，西至于济，北至于海，东至于纪随，地方三百六十里"。[④] 按此记载，则其

---

① 岛邦男：《殷墟卜辞研究》，上海古籍出版社 2006 年版，第 736—739 页。

② 钟柏生著《殷商卜辞地理论丛》（台北艺文印书馆 1989 年版）设有"卜辞中的方国地望考之一"、"卜辞中的方国地望考之二"两篇，对 84 个方国做出研究。

③ 宋镇豪等：《商代史论纲》，中国社会科学出版社 2011 年版，第 411—416 页。

④ 戴望：《管子校正》"小匡"篇，《诸子集成》第 5 册，上海书店 1986 年版，第 126 页。

始封之时面积当更小。由于国土面积不大，往往不大的一片区域内，会出现多个封国并存的局面，即使如此，各封国之间领土可能最初并不直接接壤——春秋时期，中原一带尚有不少夷狄存在，他们就生活于各封国之间——由此也可知封国最初面积有限。与之对应的是，西周时期各封国内的人口数量并不多——虽然准确的人口数量难以估计，特别是纳入周政权管理和在国家政治生活中发挥作用之人更为有限。[①] 这一情况即使在春秋时期也未有根本改变，不少封国内人口数量很少，《左传》鲁闵公二年载，卫国遭狄人进攻，"卫之遗民男女七百有三十人，益之以共、滕之民为五千人"，卫国在战后只有男女七百余人被宋桓公所迎，即使战争中遭受严重损失，战争之前应当也不多。童书业先生指出，春秋时期十室之邑、百室之邑不少，千室之邑即为大邑。[②] 虽然邑并不等于封国，但不少邑都是封国的重要基础，封国规模固不可能太大。各封国人口数量较少，这从其军事力量也可看出，春秋前期，兵车为主要作战力量，大国兵车数量不过数百。郑庄公克段于鄢，用兵车二百乘；晋国兵车可能也不超过一千。[③] 即使考虑此时这些国家兵员来源有所限制，但亦可以看出此时各诸侯国人口之少。由此而言，战国之前的封国，与西方小国寡民的城邦似乎有一定相似之处。

---

① 许倬云：《西周史（增补二版）》，三联书店 2012 年版，第 92—93 页。
② 童书业：《春秋左传研究》，中华书局 2006 年版，第 307 页。
③ 城濮之战时，晋国出兵车七百乘，参见《左传》僖公二十八年传文。

古代希腊人的城邦具有小国寡民的特点已为人们所熟知。领土对城邦而言有重要意义，但希腊城邦的面积一般不大。根据一项调查，在被统计的 600 多个城邦中，80％左右面积在 200 平方千米以下，只有 10％在 500 平方千米以上，超过 1000 平方千米的城邦不过 13 个。[①] 古希腊最为强大的城邦之一——雅典的面积只有 2600 平方千米左右。在此之上，还有叙拉古、斯巴达等城邦面积较大。其中最大的城邦——斯巴达领土面积约有 8500 平方千米（包括被征服的美塞尼亚地区在内），但较小的城邦面积远远小于此，甚至在一个面积较小的岛屿上也可能同时存在多个城邦。这样的面积，自然只能算是小国了。

公民是希腊人城邦的重要基础，在古希腊，其意义甚至重于领土，极端的观点认为有公民即有城邦，[②] 因此公民对城邦来说意义重大，但人口稀少特别是公民人口较少，恰是希腊人城邦的另一个特点。具体考证每个城邦的居民人数，特别是公民数量亦非易事，不过，了解大体数字却有可能。根据学者的测算，不少城邦的人数只有数千人左右，部分是一万到数万，雅典是个例，居民人数可达到六位数，不过，城邦中居民成分复杂，许多人并不具有完整的公民权，因此公民人数远少于居民数。此外，利用军事力量推测可能是一个重要方法，不少城邦

---

① M. H. Hansen and T. Heine Nielsen, eds. *An Inventory of Archaic and Classical Poleis*, Oxford University Press, 2004, p.72.

② 在希波战争中，雅典将领底米斯托克利曾提到，有 200 艘满载船员可战斗的战舰，即拥有城邦，参见 Herodotus, *The Histories*, VIII.61。

能够派出的重装步兵人数在 1000 人至数千人，大的城邦的公民兵也就在 5 位数级别，可知公民人数确实不多。

二、小国寡民特点产生的不同原因和影响

尽管周初封国与古希腊的城邦都存在小国寡民的特点，但此格局形成却有着不同的原因，以下试做简单的分析。

周初封国小国寡民局面的形成，除了此前方国本就规模有限的传统之外，也是由其政治上的客观条件决定的。周初封国是周王朝根据需要设立的：周人虽然以"小邦周"战胜"大邑商"并采用分封制度，但周人共同体的人口数量和整体实力都比较有限，以至于武王等政治家夜不能寐。周人不得不最大限度利用本族成员，同时依赖于其他有共同利益和姻亲关系的异姓人群才得以维持统治；同时，商人以及夷狄等人群尚具有较强的力量，故周人面临以少数人统治众多的其他人群之境地，为了巩固统治，将共同体内的贵族分封至各地，以加强控制就成为了必然选择。为了控制广大区域，周初分封的地域较广，但人口较少决定了他们只能居于有限的点，这就是周初封建中小国寡民形成的客观原因。

而古代希腊人城邦的形成，常常与其客观条件有密切关系，特别是与其地理背景相关。古希腊人所建立的城邦多环绕地中海，海上交通便利，但是希腊地区平原少而山地多，地形分割严重，因此各地区之间陆上交通困难，这制约了希腊人的

城邦规模的发展，而人口数量维持在较低水平，既是城邦格局受限的结果，也进一步制约了城邦向地域性国家甚至帝国迈进的可能。

此外，古希腊人城邦的有限规模和少量人口既是一个政治实践问题，也是一个观念问题。从实践角度看，希腊部分城邦实行的民主制度，客观上要求对城邦规模加以限制。因为公民在城邦政治生活中发挥重要作用，但由于居民活动范围有限，要保障公民参政的有效实施，国家在体量上就不可能过度发展，而必须限制在一定空间内，这一点已经被古希腊思想家所提及。以雅典为例，雅典实行直接民主制度，所有重要问题均需经过公民大会讨论，一般认为，雅典公民大会参会人数不低于 6000 人，这一数字与雅典公民总数相比，比例并不算很高。① 不过，伯罗奔尼撒战争等特殊时期，才会出现大量公民聚集于雅典城内的现象，可知一般情况下不少雅典公民居于城外。这种政治体制迫使国家的规模不能太大，否则公民参与政治活动的成本过高，直接民主制度难以维持。同时，由于公民权与从政等政治利益以及土地等经济利益密切相关，城邦将公民权授予异邦人的现象也较少，古典时代的雅典等公民具有特权的城邦，对公民权的限制更加严格，因此尽管有异邦人、奴隶等生活在城邦内，但公民人数增加有限。

现实也影响了人们的观念，古希腊不少哲学家坚持认为城

---

① 摩根·汉森：《德摩斯梯尼时代的雅典民主》，华东师范大学出版社 2014年版，第 472 页。

邦的规模必须受到限制，如柏拉图在《法律篇》中设想的理想城邦的公民只有 5040 人，即 5040 位土地拥有者，[①] 此类思想产生后，又开始反哺现实，对现实政治发挥了一定影响。而从城邦之间关系看，希腊人城邦之间的互相兼并在实践上较为罕见，在希波战争之后，雅典借助提洛同盟建立起所谓的"帝国"，并将一部分城邦纳入掌控之中，但雅典似乎并未将臣服的城邦彻底吞并，而是保留了它们各自形式上的独立；在古典时代之后的希腊化时代，尽管不少城邦在实质上已经丧失了自主性，受控于马其顿等希腊化王国，但形式上的独立仍然得以保留和被尊重。只有某些联盟，如亚该亚联盟等组织，形式上设置有超越原城邦的共同机构和官员，似乎有城邦合并的趋势。但它们也不同于一般意义上的国家，且主要存在于一定历史时期之内。

二者小国寡民状态不同的形成原因，对二者的发展路径有深远影响。就中国来说，西周初年小国寡民的局面并非周人主观选择，也并非主要受制于客观自然条件，更多是现实处境造成的结果，自然有可能随着现实的改变而变化。在封建之后，各封国并非始终沿着小国寡民的道路前进，部分国家走上了对外兼并的道路。自春秋之后，一方面，诸侯国之间的兼并战争愈演愈烈，甚至同姓邦国之间也常常有兼并的现象，成语假道伐虢、唇亡齿寒等均与此有关。另一方面，各诸侯国将相互之

---

① Plato, *Laws*, 5.737E.

间的空隙，特别是曾被夷狄人群所占据的土地吞并了，在春秋时期乃至更早时期，诸侯国之间虽有封疆，但各诸侯国之间，核心区域并不直接接壤，尚有不少夷狄人群活动其间，[①]而随着时代的发展，所谓的夷狄人群都逐渐被消灭或同化了。两项活动带来的结果，就是各诸侯国土地面积和人口数量不断增加。以春秋时期楚国和晋国为例。楚国在春秋时期不断在江汉地区扩张，《左传》僖公二十八年称"汉阳诸姬，楚实尽之"，这一地区部分西周初期分封的姬姓诸侯国几乎尽被楚国所兼并。而晋国在献公时即兼并虞、虢等诸侯国，同时，晋国临近戎狄，曾不断向周边戎狄发动征讨，如《左传》宣公十五年载，晋荀林父帅师灭潞国。此类扩张活动促进了晋、楚等国边界的不断扩张，人口数量也有显著增长。春秋后期，情形与春秋初年已有所不同，《左传》昭公五年载，晋国有"十家九县"、"其余四十县"等，是晋国当时有县约五十（此时的县尚不同于战国时期的县）；昭公十三年也记载楚国有申、息等县，地域面积较西周时期大为扩张。在此基础上，各诸侯国的军事力量也大为发展。楚国后期，陈、蔡等县，每县兵力当在千乘以上，而晋国兵力亦当在五千乘左右，这固然有兵制变化的原因，但也是人口增多的表现，这与晋、楚早期格局已不可同日而语。除了楚国、晋国之外，其他齐国、秦国等国，甚至鲁国等小国，亦有兼并他国之现象——根牟、须句等附庸即被鲁国吞并。这

---

① 参见吕思勉：《中国民族史》，东方出版社1996年版，第39—79页。

些被吞并的封国、部落中，不少是所谓的夷狄人群，例如在春秋时期，所谓的赤狄、白狄等人群就逐渐被中原诸侯国所吞并，华夏人群之所以能够在不长的时间内逐渐征服和同化周边的人群，其原因之一在于，华夏文明程度较高，军事力量较强。在华夏诸侯国逐渐扩张的过程中，不少夷狄人群不但在政治上、军事上被征服，在文化上也被逐渐华夏化，如《左传》襄公十四年所记载的戎子驹支对华夏文化极为熟悉，已明显华夏化了。此外，华夏的军事力量也明显强于周边人群，一些较为落后的人群在采取了华夏的军事手段后，其军事实力也显著增强。如先秦文献中，吴国国君曾自称为周太伯之后，似乎认同周人，但吴人曾长期被华夏诸侯视为蛮夷，直到成公七年记载，晋国为了抑制楚国，派遣使者"教吴乘车，教之战陈，教之叛楚"，吴国才由此逐渐成为区域性强国，能够不断对楚国发动进攻，华夏化是其壮大的重要基础。

领土和人口扩张的结果，便是春秋时期原有的诸侯国，逐渐向地域性大国迈进。至战国时期，诸侯国数量减少，但规模扩张更为明显，在《战国策》等文献中，记载当时"万乘之国"有齐、楚、燕、韩、赵、魏、秦七家，而千乘之国有宋、卫、中山等数国，[1]其他国家多已被它们兼并。这些强国相互毗邻，领土面积已非西周、春秋时期的封国能比。而各诸侯国人口数量也远超春秋前期的诸侯国，例如齐国临淄有七万户，以

---

① 《战国策》"刘向书录"，见刘向集录，范祥雍笺证：《战国策笺证》，上海古籍出版社2006年版。

每户三男子计算，城内之兵员二十一万；[1]魏国的兵力也不下数十万，[2]其兵力如此，人口总数则更多。此类诸侯国的土地面积与人口数量已经远远超越了希腊的城邦。因此，所谓小国寡民的封国并非占据整个先秦时期，而主要是西周之前到春秋时期的现象，而且这种结构主要存在于诸侯国层面，至于从整个周王朝的格局来看，更不能被视为小国寡民状态。

古代希腊人城邦的情形则有所不同，尽管人口并不多，但古典时代，公民人数并未随着城邦的发展而迅速增加，有时反而有所下降。由于在不少城邦（如斯巴达），公民资格与土地占有等密切结合，失去土地的公民即丧失公民权，经历了伯罗奔尼撒战争之后，土地兼并日益严重，公民人数反而处于不断下降之中，例如根据亚里士多德所说，在公元前 4 世纪中叶，斯巴达的役龄男子 1000 人上下，较之于盛期有剧烈下降。[3]在古代雅典，公元前 403 年，曾经统计雅典公民的财富，其中约有 5000 名公民缺乏土地，这样的公民也难以履行义务。城邦公民力量逐渐衰弱，也导致了活力逐渐丧失，城邦危机逐渐加深，尽管古希腊人尝试各种办法试图解决城邦危机，但均无法依靠城邦自身力量解决此问题，只能寄希望于外部力量——传

---

① 《战国策》"齐策一"，见刘向集录，范祥雍笺证：《战国策笺证》，上海古籍出版社 2006 年版，第 539 页。

② 《战国策》"魏策一"，见刘向集录，范祥雍笺证：《战国策笺证》，上海古籍出版社 2006 年版，第 1263 页。

③ Aristotle, *Politics*, 1270a30; 相关研究参见徐松岩：《斯巴达公民人数与土地集中的关系探析》，《重庆师范大学学报》2012 年第 2 期。

统上并不被视为希腊人的马其顿国王腓力二世，来改变局面。

三、中国先秦国家与古希腊人城邦的经济基础

古代中国和希腊的经济模式，是其各自国家制度所建立的重要基础。先秦时期，无论是中央政权，还是诸侯国，都有其各自的经济模式。而在古代希腊人的历史上，城邦制度之所以能够维持，也与其经济基础相关。看待此问题时，有两个简单化的倾向需要注意：一是将历史长河中的经济状态视为固定不变的。其实自西周至战国，尤其是春秋战国时期的变革相当剧烈，难以单一形态视之。二是在横向方面，将同时代的经济状况简单化视之。以古代希腊地区为例，简单化不仅是指忽视了不同城邦的差异性，也包含在分析其经济形态时，简单地用"现代化派"和"原始派"的二分法来思考问题。下面，将对二者的经济基础做一个简单说明，以了解经济结构对政治发展的不同作用。

西周时期的土地与分封制度密切结合，但原则上，周天子是最高的土地所有者，土地主要还掌握在天子和诸侯手中。铭文和传世文献中均可见到周天子占有土地之事，到春秋时期，仍可见到《诗经》中有"溥天之下，莫非王土"之论，尽管学界对这句话是指具体的土地所有权还是表明周天子对"天下"的统治权，有不同意见。但周天子理论上有权管理土地，否则无法实现分封。不过，分封制度下周天子并不直接占有全部土地，而是将大量土地赐予贵族，在西周铭文中，常可见到周天

子分封诸侯之时赐予土地的记载。从各类文献看，一方面，天子或者贵族，对土地是有部分所有权的，他们可以将土地赏赐给下级贵族，即使在春秋时期，在《左传》等文献中，也可见周天子分封诸侯土地的记载，如《左传》隐公八年提到，"天子建德，因生以赐姓，胙之土而命之氏"，"建德"即杜预注中的"立有德以为诸侯"，而"胙，赐也"，这一过程包括赏赐诸侯以土地；同时，诸侯对手下的卿、大夫亦有赏赐土地的现象，《左传》闵公元年有"赐赵夙耿，赐毕万魏，以为大夫"，便是将两地赐予大夫。尽管赏赐的封地并不等同于可耕种的土地，但前者包括可耕地。另一方面，土地似乎在一定程度上又可以转让，学界对于西周时期土地是否可以转让等问题曾有不同看法，有学者从"田里不鬻"等传世材料出发，认为土地的买卖受到较为严格的限制，但不可否认的是，金文中确实存在土地转让的现象，特别是在"卫盉"铭文中，矩伯以土地交换皮币等物。[①] 总体来看，在承认西周时期存在土地转让的同时，也要看到金文中看到的土地转让，尤其是土地买卖的材料仍然有限，反映出西周时土地私有规模有限，[②] 同时，周代在贵族分级占有土地的同时，周天子对土地的权力是得到认可的。

由于土地私有制度有其发展过程，赋役等方式也需与此相适应。战国时期的人们认为，西周似乎行"井田制"，《孟

---

① 参见李学勤：《西周金文中的土地转让》，《光明日报》1983 年 11 月 30 日。
② 参见晁福林：《夏商西周的社会变迁》，北京师范大学出版社 1996 年版，第 365—370 页。

子·滕文公上》所谓"方里而井,井九百亩;其中为公田,八家皆私百亩,同养公田。公事毕,然后敢治私事;所以别野人也"。以孟子原意和后人之解释,当时的土地分为公田和私田,"公田以为君子之禄,而私田野人之所受",农民需在贵族所占有的公田上耕作,帮助贵族生产之后,才在个人所有的私田上耕作。孟子所言的"井田"过于整齐划一,学者往往怀疑其是否具有可操作性,不过,周人土地制度中的公田制度,倒可能确实存在。《大雅·公刘》所记内容,能够反映先周的部分历史事实,其中提及"度其隰原,彻田为粮"。这里的"彻"有不同理解,但很可能是从原先的公有土地中切割出一块作为"公田"。[①] 农民在公田上生产的产品即归统治者所有,有关三代时期的赋役制度,《孟子》中有一段话。"夏后氏五十而贡,殷人七十而助,周人百亩而彻:其实皆什一也。彻者;彻也,助者,藉也。"《孟子》的话,历来争论不少,不仅在于"彻"的具体含义是什么,更在于其与《周礼》等文献存在抵牾之处:周人建国之后,"国"与"野"是否有不同的制度? 是否夏之"贡"制与周制"助"制并行? 这都是学者们长期讨论的问题,这里无意对这些争论做进一步讨论,但按照孟子所言,在公田上的工作应该是属于"助"的一种,主要是劳役。这也符合《国语·鲁语下》中引孔子所言"先王制土,籍田以力而砥其远迩",即存在以劳役为主的赋役制度。当然这种形式只是先秦赋役中

---

① 刘家和:《说〈诗·大雅·公刘〉及其所反映的史事》,《北京师范大学学报》1985 年第 5 期。

的一种，但它曾占据重要地位，不少学者认为是与当时的生产力水平相适应的，即最初必须通过集体劳动的形式，才能保证土地上有足够产出以满足贵族和平民所需。除此之外，它也与最初土地所有制度和血缘共同体活动相适应。

从上述内容可以看出，西周及其以前的时期，土地制度具有几个鲜明的特征：一是土地虽被按照贵族的层级分配，但最高所有权仍然归于"统一"，理论上周天子对所有的土地具有所有权；二是土地并未完全私有化，而是存在公田和私田并存的现象，而且从《诗经》等文献看，最初民众可能有大规模在土地上耕作之现象。土地和赋税制度与氏族制度密切结合，小农经济似乎在一段时间内并不占据主要地位，这是与古希腊人城邦中的经济状况存在较大差异的地方。

当然，随着经济的发展，至春秋战国之后，原有的土地制度已经开始发生变化了。

一方面，随着征战、兼并和人口的增长，土地需求量大增，而各诸侯国为在兼并战争中占据优势，无不鼓励耕战，更多的土地被大量开垦出来。另一方面，随着生产力水平的提高，也不需要像过去那样"十千为耦"，采用大规模集体耕作了。[①]因此，《孟子》中提到当时的农业耕作时，更多的是以小农生产为主，如"百亩之田，匹夫耕之，八口之家足以无饥矣"。显然，战国时期土地所有制是以一家一户的小农土地占有为主

① 春秋战国时期，土地制度、农业生产技术都有巨大变化，参见晁福林：《先秦社会形态研究》，北京师范大学出版社 2003 年版，第 6 章。

的，而各诸侯国的君主也愿意将土地分给小农，为小农授田，同时也可以获得更多的兵源。

在希腊地区，有关爱琴文明时期的土地和经济制度，根据铭文等材料可了解当时的部分情况。在迈锡尼时代的派罗斯等地，包括瓦纳科斯在内的各级统治者占有土地，此外，可能有部分土地与集体关系密切。[①] 与之相适应的是，爱琴文明时期的王宫有可能根据各地条件，安排生产活动，实现生产的最优化，而通过对掌握资源的再分配，王宫维持了发展自身的经济实力。[②] 不过，迈锡尼时代的经济制度毕竟与后来的城邦经济存在较大差异，而后者的重要性在于它与城邦的政治制度，特别是公民作为城邦存在的基础密切相关。关于古代希腊经济模式问题，学界有激烈的争论。在19世纪末期，德国学者布彻尔在其《国民经济的起源》一书中提出古代希腊、罗马等主要是自给自足的自然经济，城市主要是消费中心而非生产中心。布彻尔的观点遭到当时德国权威学者迈耶的激烈反对，后者认为，古风时代，古希腊的工商业得到迅猛发展，同时，他们认为古风、古典时代的希腊社会与14—16世纪的西欧社会有巨大相似之处。在20世纪前期汉斯布鲁克所著的《古代希腊的贸易与政治》一书中，前者被称为"原始派"，而后者则被称

---

① Michael Ventris and John Chadwick, *Documents in Mycenaean Greek: Three Hundred Selected Tablets from Knossos, Pylos and Mycenae with Commentary and Vocabulary*, pp.120–121; pp.232–233.

② 伊恩·莫里斯、巴里·鲍威尔：《希腊人：历史、文化和社会》，陈恒等译，格致出版社2014年版，第68页。

为"现代化派"。① 直到 20 世纪前半叶，古史现代化派的观点
在学界占主流地位，在罗斯托夫采夫等人所著的《剑桥古代
史》第一版中，仍能看到此倾向。20 世纪后半叶，芬利借助
韦伯等人的研究成果，系统地指出了古代经济史研究中存在
的一些问题，特别是提出了古代的经济"嵌入"在古代社会
之中这一重要论断，而"原始派"的观点开始占据上风。但
是近年来，当学界反思一个多世纪的经济史研究时，开始逐
渐脱离两大派别的论证，转而聚焦于相关史实和具体问题，
重新对古代经济社会性质进行深入探讨，在一定程度上纠正
了芬利观点中的不合理之处。②

　　抛开两派的争议，在相当长时间内（大体与城邦的繁荣
时期相一致），尽管各城邦的经济发展模式、发展水平千差万
别，但不少城邦中小农经济占据重要的地位。以当时最重要的
两个城邦雅典和斯巴达为例：梭伦改革之前，雅典的社会矛盾
已经较为尖锐，不少雅典人身负沉重的债务后被迫成为"六一
汉"，甚至沦为债务奴隶，因此当时重分土地的呼声较高。梭
伦改革虽然没有彻底重分土地，但废除了债务奴隶，一定程度
上保护了小农经济的利益。学者们已经注意到，梭伦改革之

---

① 　学术史梳理可参见 M.I.Finley, *The Ancient Economy*, University of California
　　Press, 1999；易宁等：《古代希腊文明》，北京师范大学出版社 2014 年版，
　　第 243—261 页。

② 　近年来对古代经济讨论较为综合全面的著作可参见 W.Scheidel, I.Morris
　　and R.Saller, eds. *The Cambridge Economic History of the Greco-Roman World*,
　　Cambridge University Press, 2007 等。

时，对公民划分的四个等级是根据财富数量，依据是土地的干湿作物产量，依次划分为 500 麦斗级、骑士级、双牛级、日佣级四个等级，其中最高级为 500 麦斗级，最低等级的日佣级标准为 200 麦斗以下，学界普遍认为，这反映出此时雅典贫富差距虽然存在，但较为有限。占有土地的具体数量相对较难统计，一般认为，田连阡陌的大地主在雅典并不多见，而多数公民是土地所有者，大多数第三、第四等级占据的土地约为 25 英亩或以下。① 雅典公民人数虽然难以得到准确数据，但应不少于两三万人，其中大多数的雅典公民当是有地的自耕农。同时，奴隶主要用于矿业生产和手工工场，特别是劳里昂银矿大量使用奴隶，而用于农业生产的奴隶数量有限，这进一步证明了雅典的小农经济性质。斯巴达也是类似模式占据主导地位的城邦，据说来库古改革后，斯巴达将土地平分为 4500 份（一说 9000 份）给公民。② 斯巴达的公民能够占有土地，与其通过战争夺取美塞尼亚人的土地是密不可分的，不仅如此，相当多的美塞尼亚人还被当作黑劳士，在斯巴达人的土地上为其耕作，并将产出的部分农产品交付斯巴达人，斯巴达人不直接从事生产，但某种程度上也具有小农经济的特点。因此，从古代雅典和斯巴达的社会局面看，小农经济在当时发挥着重要作用。

---

① 芬尼：《古代雅典的土地与信贷研究，公元前 500—前 200 年》，转引自黄洋：《古代希腊土地制度研究》，复旦大学出版社 1995 年版，第 154 页。

② Plutarch, *Lycurgus*, 8.

由于小农经济在这一时期占据的重要地位，"原始派"倾向于否认工商业的重要作用，但根据近年来的研究，工商业在古代希腊地区所占的地位并非无足轻重，如陶器的生产，重要货物——陶器、橄榄油等贸易，均能反映出这一时期工商业的重要地位。[①] 而且，工商业并不局限于雅典，我们所熟知的麦加拉等城邦，工商业较为发达，在爱琴海地区均有重要的商业利益，这些甚至在阿里斯托芬的喜剧中也有所反映。[②] 当然，即使承认工商业的重要作用，也并不意味着工商业者在希腊一定形成了一个独立的阶层，能够影响希腊社会的运行，甚至国家间的关系。以近代商业战争比附古代城邦间的关系，甚至将伯罗奔尼撒战争视为商业冲突引发的战争，或将城邦内的党派冲突看作是工商业、农业贵族的争斗，如将梭伦视为雅典工商业阶层的代表人物等观点，这些可能都与历史事实并不吻合。这一点也为多数学者所接受。

城邦经济与管理制度密切相关，由于城邦是由公民组成的，其运行有赖于公民政治、军事等义务的履行，这就需要相适合的经济基础，可以说，小农经济是不少城邦赖以存在和发展的基础。仍以斯巴达和雅典为例来说明：斯巴达的公民主要承担军事和政治义务，包括军事训练、战争、参与公餐会（需

---

① 参见 W.Scheidel, I.Morris, R.Saller, eds. *The Cambridge Economic History of the Greco-Roman World*, pp.362–366。

② 参见《麦加拉法令》，可见 Thucydides, *History of the Peloponnesian War*, I.67; Aristophanes, *Acharnians*, 530–534。

自备食物）以及政治活动等，这些都需要公民自备物资、装备，公民得到的份地和土地上耕作的黑劳士保障其具有稳定的收入，使得他们可以脱离生产活动，将全部精力投入城邦赋予的义务之中，这是斯巴达在古风、古典时代的长时间内拥有希腊地区最为强大的重装步兵，并成为强国重要保障之一。雅典的公民同样要承担军事和政治义务，一般认为，重装步兵主要由邦内的第三等级承担，第四等级主要承担轻装步兵等辅助性工作，公民的土地和收成等是其承担军事义务的重要保证。另外，雅典公民参与陪审等政治工作虽有收入，但多数津贴产生较晚，在长时间内缺乏相应津贴支持，即使有，津贴也较为微薄，[①]对多数公民而言，积极参与政治活动仍需要有稳定的收入。相应的，小农经济遭受重创，会导致城邦陷入危机之中。伯罗奔尼撒战争之后，雅典、斯巴达等国都曾经遭遇城邦危机，其根本原因固然在于城邦自身所具有的局限性，但战争导致贸易不畅、土地兼并严重、奴隶制迅速发展等，特别是很多城邦因土地兼并导致的小农大量破产，使得能够承担政治、军事义务的公民人数急剧减少，都对城邦陷入危机有重要影响，由此可见小农经济对维系城邦制度的重要意义。

需要补充的是，除了小农经济之外，奴隶对希腊经济乃至城邦政治的影响，也值得深入思考。在一段时间内，部分学者

---

① 有学者提出，陪审法庭每日 3 个奥卜尔的收入并不足以支持家庭开销。参见摩根·汉森：《德摩斯梯尼时代的雅典民主》，华东师范大学出版社 2014 年版，第 249 页。

判断，奴隶在某些城邦中占据重要地位，例如认为在雅典等城邦中，半数为奴隶，由此得出雅典的奴隶在手工业生产占据主导地位的结论。如果依据此判断，奴隶制度的存在对于雅典的经济、文化，乃至城邦制度的巩固等都有重要意义；但也有学者认为，无论是从奴隶的数量还是从奴隶在经济活动中的重要性看，奴隶在生产中都不具备主导地位。[1] 我们认为，从雅典经济生活看，小农经济固然占据主导地位，但并不意味着奴隶制度可有可无。早在"荷马史诗"中，奴隶已经被视为在经济和日常生活中发挥着作用，[2] 古典时代，相当数量的雅典家庭中存在着奴隶，奴隶也投入工矿业等生产活动之中，因此奴隶的存在对于推动雅典经济发展和稳定城邦制度是有重要意义的。除此之外，在雅典等国生活中，异邦人也占据重要地位，他们虽然不是雅典的公民，但在雅典工作、纳税，甚至有时也参与雅典对外战争，因此也是雅典城邦稳定与发展的重要力量。

总体看，中国先秦时期与希腊的城邦，最初的经济模式是有所区别的。希腊历史上，不少城邦很早确立了土地私有，或私人可以收获土地上的产品，这不仅对小农经济的发展有至关重要的意义，更稳定了公民阶层，从而巩固了城邦体制。而在

---

[1] 参见徐松岩：《关于雅典奴隶制状况的两个问题》，《世界历史》1993 年第 5 期。

[2] 胡庆钧主编：《早期奴隶制比较研究》，中国社会科学出版社 1996 年版，第 214—218 页。

中国先秦时期，西周的很长一段时间内，曾经实行层级分封的土地制度，所有土地理论上均归天子所有，而土地上的产品则多属于土地的受封者或者周天子直接拥有。从产出看，农民除了要耕种私田之外，也需要在"公田"进行集体劳作，贵族对农民经济上的控制力更强一些，在一定时期内，这有助于维护周天子和各级贵族的利益。不过，在战国之后，小农经济也有所发展，那么中国与希腊人城邦为何仍存在一定差别？这不仅是由于经济和政治虽有密切联系，但并不完全挂钩，而且也是由战国时期各诸侯国追求统一的目标所决定的。它们竞相展开兼并战争，而战争带来了土地的兼并，不少土地掌握在贵族手中，与此同时，一些诸侯国，特别是秦国等，尚掌握着一部分土地，故可以向民"授田"，无论是掌握在贵族中的土地，还是一般民众中的土地，都必须向政府缴纳赋税，由于各诸侯国无不以争霸、"定于一"为自身目标，使得集权大大加强，为它们提供了充足的税收资源。同时，小农经济的发展，也为各诸侯国提供了充足的兵员，成为统一战争的重要推动力。因此，各诸侯国政策极为明确，能够不断对土地制度进行改革，如春秋战国时期的"作爰田"、"开阡陌封疆"、"初税亩"等制度无不服务于此。而希腊历史上的经济模式与其城邦经济相适应。小农经济虽然有助于公民为国家服务，有助于国家力量的维持，但国家缺乏明确的统一目标作为追求，也缺乏与之适应的有效赋税和预算制度，如斯巴达国家收入有限，雅典的开支多来自于富裕公民的捐赠和盟邦的贡金，主要用于国家日常的支出，如有特别需要，则需另谋收入。鉴于城邦缺乏长效的稳定收入，也缺乏有意识的既定经济政策，当他们的盟邦脱离，且土地兼并严重时，连自身地位都难以维持，更遑论进一步发展了。不能不说二者的经济模式，对它们不同的发展道路产生了巨大影响。

第四章

中国先秦时期的政治管理与
古希腊人城邦的管理

　　对于中国先秦时期和古代希腊地区城邦的管理制度，学术界曾有两种不同的观点。一是强调中国古代的制度与古希腊人城邦政治制度之差异性，特别是将中国古代的专制制度与雅典等城邦中的民主制度做出对比，认为两种制度有根本性不同，乃至比较二者孰优孰劣。二是强调二者的相似性，指出西周时期至春秋时期，诸侯国中均存在着贵族政治、民主政治等因素；而古代希腊人的城邦虽较为复杂，如雅典和斯巴达的政治模式不同，但同样有贵族政治和民主政治的成分，乃至将先秦时期的诸侯国也视为类似于古希腊的城邦。

　　如何看待两种观点呢？首先，雅典虽是古代希腊最具有代表性的城邦，但不能简单地将雅典的制度等同于整个希腊诸多城邦的制度，也不应简单地将中国和希腊人的政治差异性，视为君主专制制度与民主制度的差异。其次，在看到二者相似性的同时，必须认识到二者的差异性较为复杂，一方面，中国古代的政治不能简单地以贵族执政、民主制度等因素来衡量，而古希腊人的历史上，迈锡尼文明时期的希腊国家与后来所建立城邦的统治方式也有所不同；古风时代、古典时代的希腊人城邦数量众多，其各自的政治管理方式又有差异。基于以上原因，这里试从双方的政治思想、制度设计等不同角度，对二者加以比较，并在此基础上对古代希腊和中国的政治制度做出一定评价。

一、中国先秦时期与古希腊人的政治思想之比较

古代希腊人和中国先秦时期的华夏人，具有较为丰富的政治实践活动，同时也不缺乏相应的理论思考，一般认为，古希腊人对政体等内容思考较多，但先秦时期的华夏人群同样具有较为丰富的政治理念。

民主制度在古代希腊人城邦中，特别是雅典城邦中占据重要地位。英语中的民主一词即 democracy，来自于古希腊语的 δῆμοκρατία，该词的词根分别为 δῆμος（意为人民）和 κράτος（意为权力）。古代希腊人建立的诸多城邦中，有不少都实行过民主制度，特别是古典时代尤为如此，但观其效果和影响，最显著者当为雅典。其民主制度建立于何时，至今是一个难以回答的问题，[①] 但它应当是一个逐渐发展的过程。

雅典的民主制度对古代人和现代人而言，都是一个极为重

---

① 在部分人看来，雅典的民主制度始于梭伦改革，但也有人认为，公元前508/507 年的克里斯提尼改革标志着雅典民主制度的建立，还有观点则认为是公元前 5 世纪埃菲阿尔特等人的改革，才标志着雅典民主制度的最终确立。目前学界多认为，雅典的民主制度是一个发展的过程，很难将其归于某一个具体的时间。

要的问题。对古典时代的雅典人而言，民主制度是公民参与国家管理的重要保障，也是不少下层民众能够获得生活补贴的重要依靠，从大的方面而言，它也与"雅典帝国"的存在与维系息息相关，因此不少人对雅典的民主制度是支持的。在古典时代史学、文学、哲学等作品中，不乏对民主制度的评价，例如，古代雅典的悲剧等作品与政治制度联系密切。[①] 此外，在部分现代学者看来，古代雅典的民主制度与现代的民主制度，特别是西方的民主制度之间有较为密切的联系，此联系即使并非制度的继承，也包含观念的延续。

但是，在承认雅典的民主制度对雅典人和后世存在影响的同时，还必须看到，古代雅典人对民主制度的理解，也存在一定的局限性。

首先，民主思想在当时虽有重要影响，但它并非古希腊人对政治制度的唯一理解，古代希腊人在政体问题上有深入的理论思考。这一点在哲学家思想中表现得尤为明显，例如，柏拉图就认为，存在克里特（斯巴达）政治、寡头政治、民主政治、僭主政治等四种政体，[②] 这些政治体制均曾在希腊城邦历史上发挥重要的影响。亚里士多德在《政治学》中对政体的划分则更为细致，他将政体按照对立的原则分为君主制与僭主制、

---

① Paul Cartledge, "'Deep plays'：Theatre as Process in Greek Civic Life"，in P. E. Easterling, ed. *The Cambridge Companion to Greek Tragedy*, Cambridge University Press，1997, pp.3–35.

② Plato, *Republic*, 544C–D.

贵族制与寡头制、共和制与民主制等六种，且两两相对，构成
了三组正常政体和变体的组合，值得注意的是，亚里士多德不
仅认为民主制只是现实政制的一种，还认为民主制度是共和制
的一种非正常变体。① 这类思想不仅在雅典等城邦存在，甚至
罗马统治时期也有回响，罗马统治下的希腊史家波利比乌斯在
其《历史》一书中，就对罗马能够在短时间内征服地中海世界
进行了研究，他认为重要原因之一，就是罗马的混合制政体具
有强大优势。② 希腊人对政治思想的思考也表现在希腊史学家
作品之中，在希罗多德《历史》中，波斯贵族在平定内乱后，
其内部对最优统治模式有一场争论，其中，民主制、君主制等
政体均被提出并讨论，最后占据上风的是大流士，他提出的是
君主制。其实这场辩论可能并未发生于波斯王庭，而是希罗多
德根据希腊人思想建构的产物。③ 这虽非严肃的理论探索，却
也反映出对不同制度的思考在古希腊深入人心。古希腊人对不
同政体的思考是具有现实依据的。根据一项对公元前 4 世纪希
腊人城邦的调查，大约有 59 个城邦实行民主制度，47 个城邦
实行寡头制，而实行僭主制度的城邦则有 39 个。④ 此外，在古
典时代的希腊，也有城邦实行君主制度，如斯巴达存在双王制

---

① Aristotle, *Politics*, 1276a26–b10.

② Polybius, *Histories*, VI.11–18.

③ 史料见 Herodotus, *The Histories*, III.80–83. 相关讨论参见 W.W.How and J.Wells, *A Commentary on Herodous*, vol.1, Oxford University Press, reprinted 2010, pp.277–278.

④ M. H. Hansen, *Polis, An Introduction to the Ancient Greek City-State* , p.112.

度，尽管斯巴达的君主制度具有一定的混合君主制度性质，甚至带有一定的公民参政成分，但也与雅典的民主制度存在差异。可见，除民主制度之外，希腊人城邦中确实还存在着不少的其他政体，古希腊人对此也有较深入的认识。

其次，民主制度在古代雅典经历了较长的发展过程，与其对应的僭主制度则受到雅典人的批判，但这一过程不仅是政治斗争的反映，也是雅典人逐渐建构的产物。就僭主制度而言，庇西特拉图及其后人的统治虽然主要为其家族考虑，也有损害雅典人的行为，但雅典人对僭主家族的刻画既受到了古典时代民主制度发展的影响，[1] 也有希波战争之后，雅典人对东方专制制度的仇恨蕴含其中。例如，根据古典作家的记载，在雅典历史上被赋予了极高地位的"诛僭主者"（Tyrannicides）哈莫迪乌斯和阿里斯托格同，其诛杀僭主的行为最初只是出于情感纠纷，但是古典时代，他们却被视为反抗专制制度的代表。因此，古典时代雅典人对民主制度的理解，有其偶然性的一面，并不完全与希腊人政治发展的历史过程一一吻合。

中国古代也不乏对政治制度的思考。其中，有所谓的"天下大同"之世，是一种对过去政治状态的描述。《礼记》曾记载："大道之行也，天下为公。选贤举能，讲信修睦，故人不独亲其亲，不独子其子，使老有所终，壮有所用，幼有所长，矜寡孤独废疾者皆有所养，男有分，女有归。货恶其弃于地也，不

---

[1]　参见陈超：《贵族话语与雅典民主政治的关系——以"刺杀僭主"叙事为中心》，《史学月刊》2020 年第 1 期。

必藏于己；力恶其不出于身也，不必为己。是故谋闭而不兴，盗窃乱贼而不作，故外户而不闭，是谓大同。"这段话已为人们所熟悉，不过，此模式在古人所熟悉的时代已经被抛弃，而变为了"天下为家。各亲其亲，各子其子，货力为己，大人世及以为礼"之状态。在此制度下，世袭君主制度的重要性与合法性当然受到人们的认可，这一点无需多加说明。

不过，君主世袭且享有极大的权力，这不过是其统治的一个方面。中国古人已经认识到。君主在承担权力的同时，也必须承担相应的义务。《论语·尧曰》曾经提到"朕躬有罪，无以万方；万方有罪，罪在朕躬"，"虽有周亲，不如仁人。百姓有过，在予一人。"即君主在理论上应对其统治的结果承担相应的后果。同时，尽管君主统治有专制的一面，但君主权力理论上也不应当是无限的，或者说，人们（包括君主在内）认识到为了限制君主权力的无限膨胀，必须对其加以制约。制约的重要力量，从表面上看是"天命"，但实际上还是其治下的民众和贵族。对君主、贵族、平民的关系，先秦时期的中国也蕴含了较丰富的思想。

首先，先秦时期确实没有民主制度，也不存在与之相适应的观念，但在先秦时期，并不缺乏所谓的民本思想，此民本思想并不如雅典等城邦那样要求"人民的统治"，但它要求君主在享有统治权的同时，也需重视民众。① 其根源从西周时期就

---

① 对民本思想的讨论较早见于梁启超：《先秦政治思想史》，天津古籍出版社2003年版，第37—44页。

已经存在，如《尚书》中所说的"天视自我民视，天听自我民听"，即是民本思想的反映。这是因为统治者已认识到民众对于国家统治的重要性，以及民众所具有的力量，故必须对民众的利益予以适当维护；而自己的权力无限扩张，则可能导致统治堕落，损害民众的利益，进而导致政权的覆灭。及至战国时期，当君主权力进一步集中之时，人们更清楚地认识到了专制以及争霸战争可能带来的暴行，暴君被视为"率土地而食人肉，罪不容于死"，有些人不仅要求君主实行仁政，对平民赋予"恒产"，以保障其"恒心"，并要求减轻刑罚和徭役；而且更从理论上明确了民众对于国家的重要性，如孟子提出"民为贵，社稷次之，君为轻"，即是此观念的反映。战国时期的思想家从历史中总结经验教训，得出了民众不仅仅是国家争霸力量的来源，而且民心向背决定着统治者的命运和国家兴亡，残暴对待民众之人，终将"甚则身死国灭，不甚则身危国削"。由于民为邦本，因此统治者和民众之间就形成了一股张力，使得统治者的权力受到了一定的限制。①

其次，先秦时期不但认为君主应注意民众的利益，还承认被统治者有反抗君主的可能性与合法性。这种可能不仅体现在贵族以天命转移和"有道伐无道"为自身推翻前朝统治的合法性辩护，更体现在普通民众和一般贵族在遭受到过度压制时，反抗有合法性。西周时期，周厉王采取残酷手段弭谤，贵族召

---

① 刘家和：《〈左传〉中的人本思想与民本思想》，《历史研究》1995 年第 6 期。

公劝谏说"夫民虑之于心而宣之于口，成而行之，胡可壅也！若壅其口，其与能几何？"①此番言论除表明民众有发表批评的权利之外，也反映出民众有反抗的可能，就厉王被驱逐与"共和行政"这一事实看，周人是承认国人反抗权力的。春秋战国时期，贵族和平民对统治者的反抗更不罕见。尽管《孟子·滕文公下》中提出"世衰道微，邪说暴行有作，臣弑其君者有之，子弑其父者有之。孔子惧，作《春秋》"，批判弑君的行为，但这是就一般情况而言。对无道之君主，儒家并不否认可以对其加以惩戒，如《左传》宣公四年曾记载"郑公子归生弑其君夷。权不足也。君子曰：'仁而不武，无能达也。'凡弑君，称君，君无道也；称臣，臣之罪也"。可见，《左传》承认对无道之君的惩罚具有一定合理性。

分析古代中西不同政治思想的出现原因，不难发现，古代希腊人对政治理论有较深入思考。这并非偶然，从实践上看，古代希腊是一个政体类型较为丰富的地区，甚至在同一个城邦中，也存在政体的不断变化，为人们认识与研究政治体制提供了范本，这一点与中国先秦时期有一定差异。同时，由于政治参与度高，古希腊人特别是雅典等城邦的公民，对政治制度并不陌生，正如学者所注意到的，雅典人对政治参与的热情、参与的直接性等，都是人类历史上所罕见的，②参与政治的实践使

① 《国语·周语上》，见徐元诰撰：《国语集解》，中华书局2002年版，第13页。
② M.I. 芬利：《古代世界的政治》，商务印书馆2013年版，第89—92页。芬利并不否认民主制度在参与方面的问题，但雅典人的广泛参与性也不容忽视。

得他们有必要对政治体制做出深入评析，也为其研究提供了可能。而在中国历史上，情形则有所不同，殷周之后，尽管统治层级可能分为多层，从中央政权到方国（诸侯国）甚至再向下均有统治者，但在不同层级上，统治方式基本是一致的，这在西周之后表现得尤其明显，除了中央政权之外，即使封国内部，也一般由君主和贵族集团掌握国家权力，双方力量对比可能导致权力向某一方倾斜，而民众在国家事务中享有的权利是有限的，且处于下降之中。战国之后，君主的权力逐渐加强；而且此后较长时间中，各层级的权力都逐渐向上收拢。在先秦时期某一阶段内，各地区的政治诉求也较为一致，如春秋时期存在着争霸战争，而"统一"在战国时期成为了各诸侯国政治家的普遍追求。在此背景下，思想家、政治家主要关注不同时间段内统治方式的优劣对比，探索具体的管理手段，而对各种复杂的政治模式思考则相对较少。

二、雅典的民主政治与中国国人参政

古希腊人所建立的诸城邦中，雅典等邦的民主政治极具特色，在近代以来更被视为古代希腊政治制度的重要代表；即使实行非民主制度的城邦，如斯巴达等，部分国家也具有一定的民主因素。[①] 在中国先秦时期，也有普通民众参与部分政治活

---

① 也有学者重视斯巴达等城邦中民主因素的研究，参见晏绍祥：《古代希腊民主政治》，商务印书馆2019年版，第192—280页。

动的现象，在部分学者看来，这也可以算作中国古代的"民主"因素。不过，二者还是存在相当差异的。以下试分别言之，并将二者做一比较，由于古代雅典的民主制在邦内长期占据主导地位，因而此部分讨论仍将古希腊雅典等邦历史的讨论置于中国之前。

首先，必须承认，无论是雅典等城邦，还是中国先秦时期，除了贵族之外，一般民众对政治生活有一定影响力。

古代希腊地区实行民主制度的城邦，尤其是雅典，其主要权力主要掌握在公民手中，雅典是古代希腊人口数量最多的城邦，但它仍然采取民主制，并建立了相应的机构。根据亚里士多德等古代作家的记载以及汉森等人的研究，雅典公民大会每年召开十次，面向全体符合资格的公民，制定法律、决定城邦的重要事项，宣战媾和、陶片放逐投票等大事均在大会上做出。由贵族组成的战神山议事会，在历史上曾掌握较大的提案和司法权力，但是经过不断改革，其主要权力转移到公民组成的机构手中。古典时代的雅典，提案权主要由议事会掌握，理论上提案由议事会提出后付诸公民大会，除了负责提案之外，议事会还掌握有部分立法、行政等权力；从组成看，议事会的组成来自于普通公民，特别是在克里斯提尼改革之后，议事会规模扩大，改为由 500 人组成，其成员来自雅典十个部落，通过抽签产生。雅典的司法权力，主要由公民大会和陪审法庭掌握（随着时代发展，公民大会逐渐丧失了审判职能），所有符合资格年龄、任职资格的公民，均可报名参与陪审法庭。除此之外，雅典的官吏，如将军、司库官等，均对具有资格和相应能力的公民开放。可见，民主制度下，行政、司法、立法等大权均掌握在公民手中。

在斯巴达等城邦中，公民也享有一定的权力——尽管与雅典相比，斯巴达公民的权力相对较小（在亚里士多德的《政治学》中，曾明确提及斯巴达公民没有决定权①）。至少在公元前5世纪，公民大会在政治中的影响仍然存在，地位重要的长老会议成员，即由公民大会选举产生，公民大会以自己的呼声表明对候选人的态度；同时，公民大会在法律的制定上有一定的发言权，特别是早期曾有修改提案的权力，这种力量甚至迫使斯巴达修改法律，以限制公民的力量，②从伯罗奔尼撒战争过程来看，斯巴达公民大会对宣战、媾和等仍有发言权，甚至国王有时也不能强行违背民意。可见，即使不实行民主制的城邦中，公民也具有相当的参政议政能力。

中国先秦时期，同样承认普通民众在政治生活中享有权力，这一点，既体现在商周时代的中央政权中，也体现在西周之后特别是春秋时期的封国之中。在传说中的"盘庚迁殷"事件中，盘庚急于向民众训话，以缓解民众的不满情绪，可见当时民众对政事有一定影响力；而《诗经》等文献反映出，周人早在建国之前，其内部存在一定的民主因素，例如《公刘》所载"于时处处，于时庐旅，于时言言，于时语语"。其中，讨

---

① Aristotle, *Politics*, 1272a10–15.

② 参见 Plutarch, *Lycurgus*, 6。

论定居问题和参加宴会的并非尽是贵族，也包括一般民众，可知当时社会分化并不明显，公民参政议政得到贵族的许可。[1]而在周人建政之后，所谓的"国人"的确掌握有一定的权力，当统治者违背民意达到极点时，民众甚至可以推翻统治者，周厉王被"国人"驱逐就是一例。即使在春秋时期，平民在周王朝的军事、政治活动中仍然是不可或缺的力量，《左传》召公二十四年曾载，晋国曾派出士大夫景伯前往周王室，询问大众，就是试图了解民众对周敬王和王子朝的争斗的看法，并根据民意"乃辞王子朝，不纳其使"。

上述传统文献中，常见"国人"这一概念。童书业先生认为，所谓"国人"（士为核心）在西周后期和春秋时期极为重要。除了中央政权层面的以士为核心的"国人"参政议政外，各诸侯国亦有"国人"，同样拥有一定政治权力。[2]例如《左传》襄公十年载"郑伯及其大夫盟于大宫，盟国人于师之梁之外"，当时国人之力量尚不可忽视，故君主需与其盟誓。僖公二十八年载，"卫侯欲与楚，国人不欲，故出其君以说于晋。"可知国人还有赶出君主的权力。尽管文献中"国人"之称并不完全排除贵族，[3]但主体部分应当是平民，可见平民在当时政治活动中

① 刘家和：《说〈诗·大雅·公刘〉及其反映的史事》，《北京师范大学学报》1982年第5期。
② 童书业：《春秋左传研究》，中华书局2006年版，第120—133页。
③ 有关"国人"问题，李亚农（《李亚农史论集》）、范文澜（《中国通史简编》）、郭沫若（《中国史稿》）、金景芳（《中国奴隶社会史》）等先生多有讨论，此处采用郭沫若先生说法。

具有相当影响力。从历史上看，这应当是古代政治风气的遗
存。①

　　其次，古希腊人城邦中的公民或先秦时期的国人，在参与
国家政治生活时，享有一定保障——常来自于传统习惯或者法
律的规定。在古代雅典，公民参与政治享有制度保障：根据规
定，重要职务均向公民开放，其中公民大会、陪审法庭等不仅
对所有符合资格的公民开放，而且要求的组成人员众多，议事
会也具有极强的开放性，由于议事会存在年龄限制和任期限
制，因此雅典公民加入其中的机会较高，有学者推测，至少
三分之一的公民在一生中都有可能进入议事会工作，②雅典的
陪审法庭亦向符合资格的公民开放，而且人数众多，即使是
简单的案子，审判人数也达到 201 人以上，一些复杂的案子
甚至出现过上千名审判员进行审判的情形，③在雅典实力强大
时期，其诉讼较多，且盟邦不少案件需要来雅典审判，甚至
常常有多起案件同时审理，为雅典公民参与司法活动提供了
机会。除政治保障外，雅典在公民参与政治活动中，还提供
了经济保障：鉴于参加公务活动可能会导致一般民众无法工
作，收入受到影响，早在伯里克利时代，雅典就对公民参与

---

① 赵伯雄：《周代国家形态研究》，湖南教育出版社 1990 年版，第 216 页。

② 关于比例，有不同的推测。汉森认为，至少有三分之一年满十八岁的公
　民可以当选，参见摩根·汉森：《德摩斯梯尼时代的雅典民主》，华东师范
　大学出版社 2014 年版，第 347 页。

③ 摩根·汉森：《德摩斯梯尼时代的雅典民主》，华东师范大学出版社 2014
　年版，第 252 页。

陪审法庭等活动提供津贴，^①此后又陆续扩展到公民大会等机构，尽管津贴有限，但对公民参政是巨大的鼓励。这些政策都保证了雅典平民有机会参与国家的管理。

在中国先秦时期，国人参政也有相关保证。《周礼·秋官》有言："小司寇之职，掌外朝之政，以致万民而询焉，一曰询国危，二曰询国迁，三曰询立君"，依其所言，牵涉到政权危亡、迁都、立君等大事，公民参与政事具有合法性。尽管《周礼》一书被视为后世产物，与西周时期真实的制度尚有距离，但据前述先秦时期国人参政事迹看，国人参政在当时确实较为普遍，说明其为时人所普遍接受，应当是符合传统的。

从原因分析，中西古代在公民（国人）参政问题上既有同，也有异。刘家和先生对二者同的原因做过精辟分析。他指出，第一，无论是中国还是西方，最初的文明均由野蛮发展而来，因此广泛流行的军事民主制对早期国家的政制发挥着影响；第二，无论是中国还是西方，都具有小国寡民的特点，公民或者国人是构成武装力量的基本成分，保持了自己的权力和地位。例如，古代雅典、斯巴达等城邦的重装步兵主要来自于有能力完成义务的公民，而先秦时期，特别是春秋早期之前，国人是各诸侯国军队的重要组成，如卫国遭受进攻时，国人曾有接受

---

① 亚里士多德曾提及，公民大会参与者每日可得一个德拉克马。Aristotle, *Athenian Constitution*, 62.2。

装备的情形。这两点诚为不刊之论。① 而从异的角度讲，雅典等国民主制度的发生，也有其特殊原因，应当看到，虽然以东方的标准而论，雅典是一个小国寡民的城邦，但在希腊人诸城邦中，它却又是人口最多的。雅典民主制度的发生是与其历史上的政治斗争密切相关的，在梭伦改革之后，雅典并未建立起民主制度，反而出现了庇西特拉图家族的僭主统治，在僭主统治被推翻后，经过多位政治家和公民群体不断努力，雅典确立了对民众参与政治活动的保障，民主制度不断发展。在民主制度下，雅典的公民集团，特别是经济地位较低的第四等级力量不断壮大，也反过来不断巩固着雅典的民主制度，古典时代雅典曾不止一次出现过寡头集团夺取政权的尝试，但纷告失败，也从一定角度反映了民主制度的稳定性。先秦时期，国人有时候也与国君、贵族集团存在矛盾和斗争，但却未出现雅典等国的类似斗争，而主要是在政治传统内参政，且此政治传统恰恰与君主集权相对立，由于君主权力不但存在，且在各封国中处于不断加强之中，因此西周到春秋之后，国人参政的权力是逐渐衰弱的，至战国时期君主权力更是大为加强，国人干政也就逐渐消失了。

　　在承认西方的公民与中国的国人有从政权的同时，也应注意到，古代希腊和中国先秦对民众参政均有一定的限制。这涉及古代希腊人和先秦国家内部不同成员的地位问题。

---

① 参见刘家和：《三朝制新探》，收入《古代中国与世界——一个古史研究者的思考》，武汉出版社 1995 年版，第 371—372 页。

在古代希腊人城邦中，参政的是成年的男性公民，一般公民在 20 岁左右方可享有公民权（个别权利的实现可能要求年龄更高，如雅典部分公职要求 30 岁以上），但希腊各城邦内部成员复杂，以雅典为例，除了男性公民之外，本国自由民还包括女性、儿童，此外还居住着异邦人、奴隶等，这些人对雅典国家建设同样有重要意义，甚至承担着沉重的义务，但他们往往不具有政治参与权及政治影响力，即使斯巴达等城邦，其参政议政的权力也限于成年男性公民内部，斯巴达的社会分为公民、庇里阿西人（边民）、黑劳士等几个阶层，其中，黑劳士属于斯巴达的国有奴隶（一说农奴），主要负责在土地上耕作，并在斯巴达军队出征时起辅助作用，人身安全等尚缺乏保证，遑论政治权利。[①] 可见，并非所有生活在城邦中的人均能行使政治权利。即使是公民，其权利的行使也常常受到阻碍，由于公民权利和义务密切结合，无能力履行义务之人，如丧失土地的公民，往往被排挤出公民共同体之外。中国古代也承认人之间的等级差异。《左传》昭公七年曾记载："天有十日，人有十等，下所以事上，上所以共神也。故王臣公，公臣大夫，大夫臣士，士臣皂，皂臣舆，舆臣隶，隶臣僚，僚臣仆，仆臣台，马有圉，牛有牧，以待百事。"其中奴隶们显然不享有政治权利，即使是自由人也未必均可享有，如先秦时期国野之分下，尚有"野人"，这些野人应当并非奴隶，但似乎参政也受到限

---

① Strabo, *Geography*, VIII.5.4.

制。可见，古代中西民众在享有权利时，均受到一定的限制。不过，正如学者们所认可的，此局限性是历史的产物，要在历史的过程中正确评价，而不应肆意贬低。

三、西周时期与古希腊人中的贵族政治因素

中国先秦时期和古希腊政治中，虽然都有民众参政的现象，但贵族毫无疑问在国家政治生活中发挥着重要作用。有学者提出，公卿执政是雅典帝国和周天下全盛时期的基本制度，"古代中国，古代希腊，约当公元前9—8世纪，差不多同时开始了由原始君主制到公卿执政的转变过程。"① 那么，如何理解中西这阶段贵族在政治生活中的作用呢？二者是否均以民主思想为主导呢？

不可否认，自西周以来，天子、国君以外的贵族影响着从中央到封国的政治运作，这并非仅指贵族担任高级官员，而是指贵族在政治生活中发挥重要甚至主导作用，其影响力有时甚至超过了君主。此问题需要分两点言之：第一，在中央政权层面，周天子虽为最高统治者，但不可能事必躬亲，在西周初年的中央政府内，可以见到周公、召公等贵族负责政务运行，这些贵族担任太师、太保等重要职务，文献中甚至有"周

---

① 参见日知、张强：《雅典帝国与周天下——兼论公卿执政时代》，《世界历史》1989 年第 6 期。

公摄政"、"共和行政"等公卿执掌朝政大权的现象。①而公卿负责政务的局面在西周之后仍有影响，春秋时期，除早期虢公等掌握周王室政权外，此后掌握朝政者也多为王室公卿，如周公、王子虎、毛伯等。第二，与王室类似，此现象也出现在诸侯国中。尤其是春秋时期，随着各封国内部权力的下移，封国内的公卿享有较高的权力，他们世代握有政权。晋有中行、范、知、韩、赵、魏六家贵族，齐有高、崔、陈等贵族，鲁有仲氏、孟氏、叔氏三家，郑有七穆之族。这些贵族家族势力庞大，累世公卿甚至能够对国君权力构成威胁。春秋时期，在各封国之内还曾出现一些贵族弑君的现象，如晋有"赵盾弑其君"，齐有"崔杼弑其君"等，都是权臣权力过大而导致的尾大不掉现象。在孔子看来，这些现象是"礼乐征伐自大夫出"，都是不符合传统周礼的，但它们确实是当时社会现实的反映。

在承认先秦时期存在部分平民和贵族参政的前提下，还应当看到，天子具有最高统治权，这种君主制在当时长期被视为最为合理、合法的统治形式。传世文献中，从商周之后，统治权、宗教权等长期掌握在最高统治者手中，而公卿常常受到天子的制约。首先，分封制度下，国家内部可能存在多个统治的层级，"故天子建国，诸侯立家，卿置侧室，夫有贰宗，士有隶子弟，庶人工商各有分亲，皆有等衰"，各级均有

---

① 西周的卿权经历了发展过程，参见晁福林：《论周代卿权》，《中国社会科学》1993年第6期。

一定权力分封和管辖下级，对诸侯国的分封须由周天子完成，对卿大夫的册封则掌握在诸侯国君的手中，天子通过分封制度，可以掌握国家权力，且统治具有合法性。其次，西周时期，中央政权虽然采取世官世禄制度，公卿大夫掌握较大权力，但卿主要依附于周天子，其权力需要周天子的认可，即通过"册命"完成，从"册命"的铭文中可以看出，尽管祖先功绩可以成为一个人从政的资本，但个人的能力与品行也是其能够担任重要职务的条件，提及祖先的功绩蕴含着鼓励的作用；而那些品行、能力存在问题的贵族，也有可能因为未受到册命，而逐渐失去地位，例如程伯休父"当宣王时失其官守"，就不再担任重要职务，反映出周天子在西周时期确实掌握着极大的权力。[①] 即使在春秋时期，王室地位下降，但周天子仍然是形式上的最高统治者，而各诸侯国国君和卿大夫的实际地位有所上升。其中，国君在封国内部是最高统治者，其与卿大夫实力的对比决定着封国内部的政治生态。在秦、楚等国，其国内的卿大夫阶层基本受制于国君的力量，如楚国令尹子文，虽然掌握大权，但城濮之战失利，楚君只靠一道命令："大夫若入，其若申、息之老何"，即可逼迫其自裁。[②] 这固然可以说明申、息等地对楚国的重要性，但也反映出楚君能完全掌握局势。在楚国历史上，即使贵族有反

---

① 参见晁福林：《论周代卿权》，《中国社会科学》1993 年第 6 期。
② 《左传》"僖公二十八年"，见杨伯峻编著：《春秋左传注》，中华书局 2000 年版，第 468 页。

抗行为，也往往易于被国君镇压。中原部分诸侯国中，卿大夫拥有更大的权力，但国君的力量也不容忽视。《左传》襄公二十六年载：卫献公希望返国时，曾对贵族宁氏谈到："政由宁氏，祭则寡人"，在先秦时期，"国之大事，在祀与戎"，祭祀与军事是最重要的工作，卫献公愿将政务大权交于贵族，只保留祭祀权力，以换取自身地位的恢复，这固然是与贵族的妥协；不过，如果从另一个角度看，卫献公愿意以交出政务大权作为交换，恰表明该权力一般均掌握在君主之手。因此，君主特别是天子统治恰恰是春秋及其以前被人认可的统治方式，故孔子称赞"礼乐征伐自天子出"。

古代希腊历史上，贵族也往往具有较大的权力。第一，从历史发展过程看，各国早期都是由君主、贵族占据统治地位，即使后来实行民主制度的国家，如雅典等也概莫能外，古风时代，雅典的执政官、战神山议事会等机构曾在国家的行政、司法、立法等工作中居重要地位，而他们的成员主要来自于贵族。民主制度正是在平民与贵族和僭主的斗争中建立起来的。第二，即使在民主制度建立之后，雅典的贵族也具有相当的势力。政治生活中，贵族，特别是贵族家族在政治生活中具有强大影响力，不少家族长期在国家政治生活中发挥重要作用，其内部不断产生影响国家政治的领袖，例如，雅典的阿尔克迈翁家族曾经在公元前7世纪的库伦暴动中，组织领导了对暴动者的镇压，而到公元前5世纪伯罗奔尼撒战争爆发之前，民主制度下雅典最具有权威的将领伯里克利仍与该家族有血缘联系;[①]雅典著名领导克蒙等人也均出身高贵。正是他们的出身给了其政治活动的空间。另外，正如有学者指出的，雅典虽然实行民主政治，不少重要事项需要通过公民大会决定，实现了形式上的平等，但能否在政治舞台上发挥作用，需要参与者具备良好口才、富裕家境等，它们均可能影响政治人物影响力的发挥，而贵族阶层无疑在此过程中具有重大优势。[②]在古典时代，斯巴达等非民主制度的城邦中，部分贵族地位仍然显赫。其国内不只存在世袭的国王（双王制度），而且设置有长老会议，长老们往往代表寡头的利益，在国家政治生活中具有相当影响力。由上述内容可见，贵族确实在先秦和古希腊人的城邦中具有政治优势，乃至占据显著地位，只是中国的天子和国君在理论与实际上拥有更大的权力。

　　不过，在中国先秦时期和古希腊地区，贵族参政虽有一定相似性，但我们对中西历史上贵族参与政治的现象还需要作进一步分析。首先，中国先秦时期与古希腊人的大家族多具有相当悠久的历史，但身份的重要性在两个地区的表现并不一致。西周、春秋时期执政的贵族多出身于传统贵族世家，且多与周天子有密切的血缘或姻亲联系，故在周政治体制内，天子常常将同姓贵族称为"伯父"等，将异姓诸侯称为"伯舅"，以显示亲近。这些贵族能够脱颖而出，虽不排除某些杰出政治家是由于富于才干，如西周的周公、春秋时期的子产等人均具备杰

---

① 　Thucydides, *History of the Peloponnesian War*, I.127.

② 　M.I. 芬利：《古代世界的政治》，商务印书馆 2012 年版，第 81—82 页。

出能力，但主要是基于其与周天子和诸侯国君的密切血缘联系，因此各国才形成世卿世禄的局面。从权力来源看，贵族的权力部分是由君主赋予的，甚至诸侯国内的公卿也可能由天子直接任命。而在雅典等城邦之中，早期贵族曾经拥有较高权力，这种权力可能是城邦出现以前就形成的，但是随着贵族和平民斗争的加剧，贵族的权力已经发生了变化，如克里斯提尼改革时改变原有部落，将其转化为地域性组织的改革措施，对原有贵族势力是一种打击，而且在民主制度下，贵族能够参政也主要是民主选举的产物，而非血缘决定的。此外，雅典某些极具影响力的政治人物并非完全凭借其血缘出身，而是因其财富。梭伦改革之后，雅典公民的社会等级直接与财富而非贵族身份挂钩，不少官员的任职资格虽有财产限制，却并不限于贵族，如伯罗奔尼撒战争中，克里昂已经在政治舞台上发挥作用，[①]但他并不属于传统意义上的世家贵族。因此，先秦贵族与希腊特别是雅典等邦的贵族官员存在差异。

其次，公卿执政与贵族政治在中国和古希腊历史上，均非持续性的现象，但二者的衰落背景有所不同。中国历史上，由于君主权力始终存在，无论是在中央政权层面，抑或是封国的层面，贵族权力与君主权力永远是一组互相扶持又时而对立的关系，且对立有时较为突出，贵族能否执掌政权，常取决于他

---

① 克里昂曾率部远征派罗斯等地，逼迫斯巴达部队投降，参见 Thucydides, *History of the Peloponnesian War*, IV.27–41。此外，他还曾远征安菲波利斯等地。

们与君权的力量对比，在天子和诸侯国国君权力相对薄弱的时期和地区，公卿的地位可能较高，甚至把握朝政；而在天子和国君权力集中的地区，公卿虽然能够作为统治的重要力量，但是却往往难以单独把持朝政，童书业先生认为出于"社会发展阶段较为原始"的缘故，楚国、秦国等国的公室势力远超公卿，[①]这些诸侯国内并未出现公卿贵族把持朝政而导致王权下沉的现象，反而常常可见手握权力的大臣被国君制裁。另外，随着战国时期争霸战争的加强，各诸侯国中"相"、"将"的地位不断提高，在人才选择上早已不局限于贵族，不少官员出身寒微，这既为六国统一打下基础，也开启了后世布衣将相的格局，[②]在此过程中，传统的世家大族逐渐衰落。这一过程恰恰是先秦时期君主权力上升、加强集权的表现。而在雅典等国历史上，贵族完全把握政局主要出现在早期阶段。根据《雅典政制》的记载，该国早期处于王政阶段，在王政阶段之后，是由贵族把握政权的时期，但由于贵族和平民的政治、经济等矛盾过于突出，贵族政治遭致民众的不满，才出现了后来的僭主政治、民主制政治等政体形式。因此，雅典等城邦贵族政治的衰落，部分是由于民众的反抗活动，而非君主权力的加强，甚至在贵族权力扩张之前，原有的王权已经衰落了。总之，中国公卿执政局面的衰落与君主权力的增长是相关的，导致权力更加集中，也为秦汉大一统局面和布衣将相的出现奠定了基础；而

---

① 童书业：《春秋左传研究》，中华书局 2006 年版，第 302 页。

② 晁福林：《先秦社会形态研究》，北京师范大学出版社 2003 年版，第 217 页。

古代希腊贵族政治的衰落，则与城邦内部贵族和平民的斗争有一定关系，并未导致各国走向更大的统一。

四、评价先秦时期和古代希腊城邦的管理制度

不少西方学者视古希腊的民主制度为西方最重要遗产之一，我们也介绍过中国先秦政治与古希腊人城邦对比研究中的两种不同视角。通过前面的介绍，我们简单对这些观点作一评价。

首先，如何认识古代希腊的民主制度？在承认古代希腊民主制度的某些理念对现代西方社会有一定影响的同时，我们也应看到，现代西方民主制度与古代希腊政制仍存在较大差异性，这一点经芬利等人讨论，已经为学术界所熟知。学者们注意到，古代雅典等城邦的民主制度主要为直接民主，重要决策和法律制度的设定均由民众直接做出，这建立在其思想理念和小国寡民的国家形态之上；而现代社会的民主制度，则主要是间接民主制度，相关的立法工作，由代议制机构等完成。同时，雅典等国的民主制度为了保证所有符合要求的成员均有条件参与，主要职位的选拔多采用抽签制而非选举制，甚至对普通民众参加公务活动提供津贴；而现代社会中，多数职务均采用选举、任命而非抽签制度，工作人员均为职业公务人员，以保障政府机构的运行效率。从政权机构内部的关系看，现代国家中，美国等国采用的三权分立制度，而古代雅典等国家，权

力主要由公民大会、陪审法庭等机构掌握，且公民大会拥有立法、司法和部分行政权，执政官、将军等人的权力无法与公民大会相提并论，由于各机构主要权力均在公民之手，因此不存在权力的分配与制衡；倒是斯巴达等城邦，国王权力、长老会议、公民大会、监察官的权力等形成了一定的相互制约，此后在古罗马，行政权力（执政官、元首）、元老院、公民大会等机构形成了一定的制约，这也被古代人称为混合政制。因此，现代国家的民主政体与古代雅典等城邦的民主政体存在较为显著的差异，那么西方现当代学界将古代和现代的民主制度相联系，寻求民主制的连续性，也蕴含着西方学者对这一问题的意识形态考虑。①

　　古代雅典等城邦民主制度其决策过程常充斥着盲目性。不得不承认，雅典的民主制度在运行中曾导致严重的后果：重大事项决策过程往往由多达六千人的公民大会集体做出，虽然体现了民主的特色，但并非所有的参与者均具有理性判断的能力，也并非所有人都熟悉所讨论的事项，特别是决策往往在短时间内完成，整个过程充满激情，易受到野心家和群众情绪的干扰。这一点，已经被古代史家所认识。就雅典在古典时代特别是伯罗奔尼撒战争前后所做的一系列决策看，确实有冲动的

---

①　约翰·邓恩编：《民主的历程》，林猛等译，吉林人民出版社 2010 年版，其文章的编排即蕴含了此思想。另可参见黄洋：《民主政治诞生 2500 周年：一个谱系的建立》，收入《古代希腊政治与社会初探》，北京大学出版社 2014 年版。

成分，修昔底德笔下描述雅典人对于米提列涅人的处理就充满戏剧性，第一天在情绪支配下，做出了处死米提列涅成年男性的决策，但在其后的公民大会上，又在另一位政治家的影响下，修改了前一次会议的决定，这说明大会的决策常受到现场情绪的影响，易出现反复；①而雅典公民在阿吉努斯战役后对将军们的判决，以及对苏格拉底的判决等，也常被人诟病，前者是在海战胜利后，雅典公民在挑唆下，因将军们救援不力（实为救援存在困难）判处多名将军死刑，后者是以苏格拉底败坏青年等罪名判处其死刑。诚如学者们所指出的，两个判决在雅典有其特殊的社会、政治背景，但雅典民主政治在其中表现出的盲目性确实难以回护。政治家，如伯里克利等人，对此深有体会，伯里克利已经发现自己的政策经常会遭受到群众的干扰，并尝试着避免此影响。②当此问题发展到极致，部分领导人为了赢得群众的支持，有时甚至放弃城邦的整体、长远利益，煽动民众做出决策，这是直接民主制度的一大弊端，也是雅典民主制度遭受批评的一大重要原因。应当说，这些负面评价中包含了古代贵族派、寡头派人士对民主制度与下层民众的敌视，如苏格拉底就曾称，在民主制度下掌握权力的是"洗染工、木匠、鞋匠、铁匠"等，其评价充满歧视；③甚至在近代之前的很长一段时间内，学者、政治家将雅典与斯巴达的政治体

---

① Thucydides, *History of the Peloponnesian War*, III.35–50.

② Thucydides, *History of the Peloponnesian War*, II.21.

③ Xenophon, *Memorabilia*, 3.7.6.

制进行比较时，也多对雅典的民主制度提出批评。① 真正对雅典等民主制度的重新评价，是 19 世纪中叶之后，代表作之一是英国著名史学家格罗特的十二卷《希腊史》，而此时正是西方近代资本主义迅速发展的时期，因此他的作品具有影射时代的特点。② 此后，对雅典等城邦民主制度的新评价，也逐渐为学界所接受。因此，我们承认雅典民主制度在反对僭主制度、调动民众积极性、推动古典时代雅典走向富强等方面做出了贡献，但是对其消极一面也不应完全忽视，今天的学界更倾向于站在历史的角度，对其加以全面的评价。

　　另一方面，则是如何看待中国先秦时期的政治制度。正如前文所言，中国先秦时期存在一定民众参与政治的现象，但主要权力仍然掌握在君主和贵族的手中，因此，单纯强调古代政治的民主性因素并不全面。同时，还有一部分学者强调中国古代的"民本思想"的积极意义，突出古代"民为邦本，本固邦宁"的思想，也关注孟子提出的"民为贵，社稷次之，君为轻"的思想，应该承认这类思想中有重视民众的一面，在古代有其进步意义。不过，民本思想绝不等同于民主思想，正如刘家和先生指出的，"民本思想"存在的前提是君主制度的存在。中国古代从不否认君主制度的正当性，民本思想只是要给君主权力加上一道枷锁，限制其无限扩张，在承认君主具有最高统治权

---

① 例如，英国史学家米特福德的《希腊史》对雅典民主制度就有较多的批评。
② 参见郭圣铭译：《格罗特〈希腊史〉选》，商务印书馆 1964 年版，第 7—8 页。

力的同时，也要求其不能无视民众的利益，最终使得统治者和民众之间形成一种"拔河"关系，不能肆意强调其中任何一极。①而从根本上讲，这种思想与西周以来存在的"德治"思想是一致的，即"天视自我民视，天听自我民听"，民众的意愿成为反映君主是否有德的重要表现，但其出发点并非是为了民众利益。在君主制度下，强调民本根本上还是为了维护君主的统治与其核心利益，这与古代希腊的民主制度是存在明显差异的。

那么，中国君主制度下，加强集权的后果如何呢？这一现象也需要历史地分析，从春秋到战国时期，各诸侯国内君主的权力是逐渐加强的，这突出体现在管理制度的调整上（详见下文），即原来的世卿世禄制度被更加制度化的官僚制度所取代，各诸侯国根据人才能力选贤任能，并考量功绩加以提拔，而不再仅凭借出身遴选官吏；在地方上将原先的封地变为了郡县，同时，确立了君主对封君的管理。总体而言，各诸侯国的中央集权是加强的，但这种加强既是社会变迁的产物，也是争霸战争的迫切需求，在当时历史背景下是适应了统一需求的，客观上促进了统一的历史进程。因此，如同评价雅典的民主制度一样，我们也应结合其效果做出全面的评判。

---

① 刘家和：《左传中的人本思想与民本思想》，收入《史学经学与思想》一书。

第五章

先秦时期与古希腊人城邦中的
官制比较

一、中国先秦时期和古希腊人城邦中的官制

先秦时期的中央政权和封国与古代希腊人的城邦，特别是雅典等国，都建立了各自的官制，这表明二者的政治制度发展到较高程度，也表明二者具有一定的管理水平。不过，中国的官制在发展过程中，逐渐形成了特有的体系，且在战国前后有所变化；而古希腊人的城邦中存在官员，但其管理体系的分工和完整程度值得分析。以下试分别加以说明。

传说中，中国的商代以前已经有了官员，文献中保留有相关传说。如《尚书·舜典》载："五载一巡守，群后四朝。敷奏以言，明试以功，车服以庸。"[①] 群后即应是官员，似乎此时已有官员管理制度；又如《甘誓》载汤伐有扈氏时"乃召六卿"等，又似夏有六卿制度。不过，这些材料难以作为信史。我们

---

① 孔安国传、孔颖达正义：《尚书正义》，见《十三经注疏》，上海古籍出版社 1997 年版，第 127 页。

对商代官制的了解要清晰一些，在《尚书·酒诰》中有"越在外服，侯甸男卫邦伯；越在内服，百僚庶尹，惟亚惟服宗工，越百姓里居，罔敢湎于酒"等言，[①]似乎商代外服官员有"侯甸男卫邦伯"，孔安国传中称其为"於在外国侯服、甸服、男服、卫服、国伯诸侯之长"，认为他们是商王安排在王畿外执行任务的官员。而《尚书》中提到的内服官员则有"百僚庶尹，惟亚惟服，宗工"等人。结合卜辞看，商的内服官种类不少，既包括辅助的大臣，如伊尹、仲虺、巫咸等人——他们都是仅次于王的重要官员，而卜辞中也有"尹"这一称呼，各类官员合称则为"多尹"，有学者认为这当是决策团队；[②]此外，还包括管理各种事务官员——从其职责看，分工较为复杂，农业、手工等经济活动均有官员进行管理。此外，商代宗教氛围浓厚，贞人等可能是负责宗教的神职官员。此时官员处于商王统治之下，商王已通过官员对国家拥有相当控制权。

西周建政之后，管理体系更为系统。在现有研究中，将铭文材料和传世文献相结合，可以看到在中央官职中，逐渐形成了两大管理系统，一类是以行政管理为主的卿士寮系统，管理军事、刑法等为主，另一类则是掌管文书、历法等工作的太史寮系统。[③]这两类官员是否形成了自上而下的完整体系、是否

---

① 孔安国传、孔颖达正义：《尚书正义》，见《十三经注疏》，上海古籍出版社 1997 年版，第 207 页。
② 宋镇豪等：《商代史论纲》，中国社会科学出版社 2011 年版，第 173 页。
③ 参见杨宽：《西周中央政权机构剖析》，《历史研究》1984 年第 1 期。

具有明确的办公场所等，可能尚有进一步讨论的空间，但从官员任命的册命记载逐渐形式化来看，当时的官员管理已经具有了一定的制度化趋势；同时，在周王直接管理的地区（非封国内），也已经形成了一套特有的官制。[①]除了行政、书记等职官之外，尚有管理周王室自身事务的王家官员，以及掌管宗教等工作的官员，估计至迟在西周中期，周王室直接管理区域的官制体系已经比较成熟了，当周天子势力较强时，能够对政局加以控制。目前，学界对西周时期各封国内部的官僚制度的研究尚有较大空间，但本质上说，派驻各地的诸侯，也是周天子在地方的代理人，周天子通过他们控制各地，这里也将其视为他们广义上的周官员。

春秋战国时期，周天子权威衰落，各封国的官制迎来了新的发展时期。在春秋时期，封国的官制有所不同，但官员多由贵族担任，且文武并不分职。其中，楚国、秦国等国官制与中原诸侯国有所不同，如楚国有莫敖、令尹等官员，但形式上与其他封国的卿接近。在战国时期，官僚制度进一步成熟，表现为更加适应君主专制制度和争霸战争的需要，官员开始向职业官僚转化。各诸侯国的中央官制改变了春秋时期公卿总揽政事、军事的格局，出现了文武职务分开的局面，权力的分化在一定程度上加强了君主的统治，而在地方上，与郡县制相适应，多数国家原先分封的贵族逐渐被地方官员所取代，郡守、

---

① 李峰：《西周的政体——中国早期的官僚制度和国家》，三联书店 2010 年版，第 161—191 页。

县令乃至更为基层的三老等官员，使得君主对国家的掌控沿纵向延伸。即使一些国家存在封君，如著名的战国四公子等，但一些已经不再是世袭贵族，且常不治民，而只有衣食租税的权力而已。

与中国相比，古希腊人的各城邦中的官制有所不同，其繁复程度也有异。雅典的官制我们更为了解，按照亚里士多德《雅典政制》的记载，古典时代，雅典的主要官员有 9 名执政官（其中包括王者执政官、名年执政官、军事执政官和其他执政官等）、10 名将军、10 名雅典娜司库（掌管神像以及钱财等）、10 名主卖官（负责租让契据，出卖矿藏等）、10 名神庙修缮人、10 名城市法监、10 名市场法监、10 名衡量法监、10 名谷物护持（以上官职，均为 5 人在比雷埃夫斯，5 人在雅典城内）、10 名商埠监督等。亚氏曾提到雅典有 700 名邦内官员，另有 700 名负责帝国事务的邦外官员，总人数达到 1400 人。[1]有学者对雅典在公元前 4 世纪是否有如此之多的官员表示怀疑，认为这是夸大其词，雅典官员数量远无如此之多，但汉森则认为，公元前 4 世纪时雅典行政官员仍然有 700 人之多。[2]雅典官员的选拔也带有雅典民主制度的色彩，多数职务并无贵族或平民身份等限制，仅要求必须为成年的雅典公民；一些公共职务有年龄或财产限制，例如雅典将军、公共陪审员等，均

---

① Aristotle, *Athenian Constitution*, 24.3.
② 参见摩根·汉森：《德摩斯梯尼时代的雅典民主》，华东师范大学出版社 2014 年版，第 335 页。

要求 30 岁以上，部分官员要求必须属于雅典四个等级中的较高等级方可担任，而悲剧的歌咏队领班等人则来自于雅典最富有的阶层。① 不过，从梭伦改革之后，更强调财富的重要性，而财产与身份并不一定划等号，因此，民主制度下对个人出身的要求并不非常严格。设置如此之多的官员，且放宽担任官员的准入门槛，无疑符合雅典分权和将权力赋予平民的特色。此外，除了将军、骑兵长官等特殊职务需要投票选举之外，其他官员主要由抽签选举，这同样体现出民主制度下雅典注重公平的特色。

我们所了解的斯巴达官制相对简单，但其设计也考虑了分权因素。除了两位国王之外（国王在两个家族内世袭），重要的职位还有长老会议（也有译作元老院）成员和 5 位监察官。长老会议有 30 名成员，除去两位国王是当然成员之外，其余 28 位成员来自于年满 60 岁的公民，由公民大会选举产生且终身任职。长老会议要求道德高尚，但成员应该主要来自于贵族，亚里士多德曾提到，"贵族们乐于在长老院中有一席之地。"② 在公民和国王的权力争斗中，长老会议的作用应该是斯巴达国家运行的压舱石，使得国家处于稳定状态，国王和民众的力量都不占到绝对上风。③ 不过，波吕多鲁斯和色奥庞普斯的改革措施规定，当人民做出不当决定的时候，长老会议有权

---

① Aristotle, *Athenian Constitution*, 56. 3.

② Aristotle, *Politics*, 1270b24.

③ Plutarch, *Lycurgus*, 5.

力解散大会，可见其与普通公民的利益有时并不一致，因此，亚里士多德将其视为寡头政治的代表。[①] 监察官是斯巴达的另一重要官职。斯巴达监察官制度出现的时间尚有争议，制度完善后共设有五位监察官，可能对应的是斯巴达的五个村落。[②] 监察官的出身并无明确限制，历史上曾经有不少穷人当选，但是往往也出自比较显赫的家庭。[③] 设置监察官应当是出于限制国王权力的目的，该说得到柏拉图、亚里士多德等人的支持，其中亚里士多德提出，"斯巴达人的王制也经久不衰，因为他们从一开始就把王位一分为二，……并用监察官来限制王权，他削减了王权，但是延长了王制的寿命"。[④] 因此，监察官往往被视为是平民的代表，制约了斯巴达国王和贵族的权力。监察官权力极大，除了拥有对包括国王在内所有人的监督权之外，还拥有其他权力，如战争的直接指挥者虽主要是国王，监察官却也掌握部分宣战等权力：监察官上任之时，会代表斯巴达人对黑劳士宣战，终止战争的权力也在监察官之手。[⑤] 由于监察官权力过大，甚至可能对君权造成威胁，如亚里士多德曾提到"某些受过贿的监察官就在极力危害这个城市，他们权重一时，恣意专断，就连君王也必须仰其鼻息"。[⑥] 由于斯巴达的政

---

① Plutarch, *Lycurgus*, 6.

② 祝宏俊：《斯巴达的监察官》，《历史研究》2005 年第 5 期。

③ 晏绍祥：《古代希腊民主政治》，商务印书馆 2019 年版，第 569 页。

④ Aristotle, *Politics*, 1313a25.

⑤ 祝宏俊：《斯巴达的监察官》，《历史研究》2005 年第 5 期。

⑥ Aristotle, *Politics*, 1270b12–14.

治制度在历史上几经变迁，且因后世将改革修饰为恢复来库古旧制（来库古是传说中奠定斯巴达制度的立法者），因此对其制度的研究有不少困难，但总体看，斯巴达的制度中也蕴含了分权的特性。

二、二者官制的异同

中国先秦时期和古代希腊人的官制存在一些相同之处，如二者的官员制度都经历了长期的发展过程，官员数量较多，同时，很长时间内，参与国家管理的主要是贵族，但双方在官僚制度的建立、官员的选拔等方面存在较大的差异，下面依据上述内容，对二者的特点略作归纳。

有关中国两周时期的官制特点，此处着重讨论三点：

第一，官僚体制的设立长期重视权力的统一性。西周时期周中央设立有太史寮、卿士寮等机构，周天子可以掌握中央官员，在地方上天子通过封国国君及其官员控制局面。到战国时期，周天子地位已经无足轻重，但各诸侯国的官僚制度更加完善，更加有利于各诸侯国君主对全局的控制。同时，在官僚体制中，官员均对君主负责，随着官僚制度日趋成熟，此现象更加明显。

第二，中国古代官员设置存在同类职务由多个官员同时担任的情形，但他们往往职责有别，或是权力、等级分明。西周卿士寮中有三司，即司土、司工、司马等，地位颇高，但其工作存在分工。而且官员之间会存在等级差异，早在西周时期，一些铭文已经反映出，贵族初入仕途时，往往从较小的职务开始做起，经过一段时间之后，才可以晋升高一级的职务。[1] 而在春秋、战国时期，各诸侯国官员内部形成了明显的层级结构，甚至同为公卿的贵族之内，有时虽有世家轮流任职之现象，但官员本身有地位区别，如晋国有六卿，但六卿地位并不一致，最显赫的中军将（元帅）不仅是中军主帅，也是国家正卿，其重要性高于其他将领，且晋升一般由中军佐等官员依次晋升（栾书曾经由下军佐直接晋升中军将，属破格晋升，并不多见）。这种晋升既为官员开辟了上升的渠道，也让权力掌握在君主手中（春秋前期较为明显）或使得世家大族之间形成制约。

第三，随着官制日趋成熟，官员任命越发注重其能力，而任命之权力也更牢靠地掌握于君主之手。西周时期、春秋时期的官员虽然主要来自贵族，甚至采取世卿世禄的形式，但官员的任命仍需考虑其能力和功绩，铭文中不乏家庭出身一般的人做到王朝高官，或者从地方封国进入中央的情形。[2] 在战国时期，官员能力和功劳在选拔中的意义日趋重要，出现了部分下级贵族或平民出身的人成为重要官员的现象。以上特点背后所

---

[1] 李峰：《西周的政体——中国早期的官僚制度和国家》，三联书店 2010 年版，第 213—225 页。

[2] 李峰：《西周的政体——中国早期的官僚制度和国家》，三联书店 2010 年版，第 220 页。

反映的措施虽有不同，但均体现出周中央政府和发展中的诸侯国国君试图加强对政权的控制。

与两周时期官制不同，希腊人的官制设置则更具有权力分散的特性。

第一，古代希腊人城邦中，雅典等国的官员设置考虑了分权问题。如雅典绝大多数的重要官员，会在同一职务设置多个岗位，其中不少岗位之间似乎未见有明确的地位划分，过去曾经认为雅典存在"首席将军"这一职务，该职务的地位和权力高于其他将军，但目前的研究表明，雅典可能并未有这一职务，将军地位应当平等，古典时代伯里克利等人地位主要由其能力、威望等决定，而非制度规定。① 由于官员众多，且缺乏明确地位划分，不少事情有赖集体决策。例如斯巴达在一些重要决定，特别是重要审判过程中，往往由长老会议与监察官共同做出决定，公元前403年，对斯巴达国王波桑尼阿斯的审判，就有28名长老和5名监察官共同投票做出，体现出集体决策的特点。

第二，希腊人城邦中同一职位设置众多官员，有时候也会由于参与人数过多，出现政令不畅的问题。根据希罗多德的记载，在马拉松战役过程中，10位雅典将军就是否与波斯军队交战产生了分歧，且反战的意见可能占据上风，最后若非地位更高的军事执政官做出关键性决定，马拉松战役的胜利也无从

---

① 　晏绍祥：《雅典首席将军考辨》，《历史研究》2002年第2期。

谈起。① 中国古代也存在权力的分配，但常常设置有最高的官员，虽偶有下级冒犯上级官员的现象，但情形不多。

第三，希腊人城邦中，由于公平和分权成为重要考虑因素，导致能力有时可能并非选拔官员的最重要因素。雅典城邦内，多数职务由抽签产生，候选人只有公民资格、年龄等少数限制，而不考虑官员的管理经验、能力和上升途径。斯巴达的元老等职位，虽由公民选举，但选举的标准是"最适合"，而缺乏明确的管理能力限制。无论是雅典还是斯巴达，运气和民众的意志常常影响官员的任命，官员适合与否，主观上是否愿意担任该职务都无足轻重，导致有时难以选拔出最适合的官员，此情形甚至可能出现在应注重能力和经验的将领身上，在伯罗奔尼撒战争前期，克里昂在与主和派的斗争中被任命为将领，率军出征；而在雅典出征西西里时，将领中阿西比德和尼西阿斯对出征态度截然相反，尼西阿斯反对出征也被选为三将军之一，并应对雅典大军失利承担部分责任。由于雅典等城邦中，起到决定性作用的是公民，而非官员，这使得城邦中的官员设置更具有"民主"特色，但却在一定程度上分散了其权力，有时甚至可能影响国家安全。

上述讨论并非认为先秦官制与古代雅典的官制谁更具有优越性。先秦的官制有其问题，例如，随着君主权力的加强，官员直接听命于君主，成为主要对上负责之人，而君主权力所受

---

① Herodotus, *The Histories*, VI.109.

到的制约日益减小。古希腊人的城邦中选官制度也有其可取之处，例如，古希腊人城邦中的官制，特别是雅典民主制度下的选官制度，保护了大多数公民都有参加政治活动的权力，且其权力相互限制，可能防止出现个人权力的无限膨胀，这些都有值得重视的方面。不过中国先秦时期的官制可能更有利于中央权力的强化，也有利于在分裂状态下发展农战，更适应了走向统一的需要。

第 六 章

先秦封国与希腊城邦的
独立性和统一性

中国和西方的历史上，都曾经出现过较小的政治实体，希腊人的城邦为人们所熟悉，而在先秦时期，周人则继承和发展了商人对方国的管理模式，确立了分封制度，分封制度下的诸侯国具有一定的政治、军事独立性，甚至在部分学者看来，它们具有国家所需要的全部特点。加之前文所述，封国和城邦一样，都是小国寡民的政治共同体，因此部分学者认为西周建立的封国类似于西方的城邦。此说法是否有道理呢？这里需要对二者的统一性和独立性特点做出具体分析。所谓的统一性和独立性是相对而言的，此处所谓的统一主要就华夏人、希腊人的整体而言，而独立性就华夏的封国与希腊人的城邦特点而言。

一、西周的国家——独立性与统一性

学界对中国先秦时期的国家结构长期存在不同看法，如日本学界长期存在所谓"都市国家"和"邑制国家"的争论。前者强调各诸侯国作为独立的政治国家而存在，地位平等，关系类似古代西方的城邦，在 20 世纪 50 年代，日人贝冢茂树等即已提出此观点。在中国，侯外庐先生较早提出此观点，[①] 此后，部分大陆及台湾地区学者也持类似观点。而"邑制国家"则有日人松丸道雄等加以论述，认为中国商周时期的国家形态为都邑—族邑—属邑三级结构，强调各级之间的统辖与被管理关系。[②] 两种学说均有其存在的理由，近年来又有学者提出"权力代理的亲族邑制国家"等观点[③]。学术界存在分歧的原因之一，是先秦时期不同时间、不同地域出现的国家或具有国家特征的政治实体结构较为复杂，西周到战国时期，中国的国家形态急剧发生着变革，中央政权对封国的控制力大大削弱，诸侯国从周王统治下的封国逐渐向地域性国家迈进，而各地区的发展情况也有所差异，但总体来看，商周时期国家形态的重要特点之一，就是内部独立性与统一性并存。

首先，在讨论商、周"国家"概念时，本书主要指中央政权，但地方上的方国、诸侯国等也具有部分国家的特征，相应地，国家的独立性和统一性并不一定表现在同样层级的政治实

---

① 侯外庐：《中国古代社会史论》，河北教育出版社 2000 年版，第 173—199 页。

② 日本学界对此问题的争论，可参见日人吉本道雅著《先秦时期国制史》、松井嘉德著《周的国制——以封建制与官制为中心》等文章，上述文章均收入佐竹靖彦主编：《殷周秦汉史学的基本问题》，中华书局 2008 年版。

③ 李峰：《西周的政体——中国早期的官僚制度和国家》，三联书店 2010 年版，第 296—301 页。

体上。此处讨论的独立性主要体现在方国、城邦之上（中央政权自然具有独立性），而统一性则主要体现在方国、诸侯国与中央政权的关系之上。其次，统一性和独立性的表现随时代变化有所不同。在西周时期特别是西周前期，统一性表现得较为明显，同时，诸侯国的独立性亦有所体现；在春秋战国时期，随着周王室势力的衰微，各诸侯的独立性较为醒目，特别是战国时期，周王室已经无足轻重，甚至被秦所灭，各大诸侯国已经基本独立，但独立并非绝对的，在独立中亦蕴含着更大的统一。以下具体言之。

前文所述，商代存在内外服制度应该是可能的，《尚书·酒诰》提到"越在外服，侯甸男卫邦伯"，这就是所谓的外服官员，有人认为，这应该是商控制下的列国，商在外服的官员可以分为两类：一类是商王朝建立的诸侯，如外服官员中的侯、甸、男、卫等；另一类则是归顺商人的方国，这部分可能是通过实力控制的。① 商代是否已存在成体系的分封制，学术界有不同看法，② 即使缺乏制度性的分封制度，商人将一些子弟安排在重要的地区，特别是一些军事要地，巩固军事据点仍是可能的，如晋南地区的垣曲商城遗址等，都可能具有军事戍守的性质，以帮助商人控制晋南地区，保障盐、铜等重要物资

---

① 王宇信、徐义华：《商代国家与社会》，中国社会科学出版社 2011 年版，第 333 页。

② 支持者，如胡厚宣：《殷代封建制度论》，收入《甲骨学商史论丛》。反对者，如黄中业：《商代"分封"说质疑》，《学术月刊》1986 年第 5 期。

的供给。① 有学者对商人建立方国的分布做了梳理，前期可能主要集中于豫西、晋南一带，中期以后，随着商人势力范围向东扩展，它们也主要向东发展。② 可见，这些方国与商王朝发展方向一致，从侧面证明了商人对方国有一定的控制权。在商直接控制范围以外，存在着大量土著人群，商人的势力范围进入这些地区后，由于商王朝实力较强，当地人群臣服于商。不过，商人并不一定直接控制这些方国，而可能赋予当地贵族以较大的自主权。

无论是商王朝建立的方国，抑或是归顺商王朝的方国，均需要对商人尽一定的义务。这些义务包括：1. 贡纳的义务。据统计，卜辞中与贡纳有关的词语有氏（致）、共（供）、入、见（献）、登等词，卜辞中也不乏方国贡纳的记录，一般而言，方国给商王纳贡的物品包括奴隶、牲畜、农产品、野兽、奇珍、手工业品、田邑、卜龟、卜骨等九类。③ 2. 军事义务。军事义务既包括在外敌来犯时为商预警，也包括在商王命令下或指挥下从事军事斗争。如商王曾命令雀伐亘方（《合补 5121》）；商在征伐夷方时，以边鄙邑永为基地等（《合集》36484）。④ 3. 担

---

① 张光直先生在《商文明》中对晋南地区对商的重要性有相关论述，参见《商文明》，辽宁教育出版社 2002 年版，第 250—251 页。

② 王宇信、徐义华：《商代国家与社会》，中国社会科学出版社 2011 年版，第 338 页。

③ 杨升南：《甲骨文中所见商代国家与社会》，《殷都学刊》1999 年第 2 期。

④ 张利军：《商周服制与早期国家管理模式》，上海古籍出版社 2016 年版，第 141—143 页。

任相应职务。卜辞中，可以看到方国首脑有在地方上或商王朝担任职务，为商王服务的经历，有时方国甚至需要向商王进贡人才，在卜辞中就有方国向商王进贡贞人的记录。① 商对方国的统治，除了体现为后者的义务之外，还表现为商对方国的控制权，商王朝有征伐方国，甚至惩罚其统治者的权力，传统文献中，《史记·殷本纪》载有"醢九侯"、"脯鄂侯"、"囚西伯"等说法，是商王曾惩罚甚至屠戮诸侯。当然，权力与义务是对等的，商王在享受对方国权力的同时，对方国也存在义务，如保护方国等义务。因此，部分学者认为，仅仅将商王与方国的关系视为"方国联盟"的观点可能并不一定符合实际。商王在实力允许时，对方国是有较明确的控制权的，表明商王作为当时天下共主是有合法性的。

在承认商王朝对周边方国有控制力的同时，也要看到其控制力是有限的，商王朝建立的地方据点和自发形成的方国具有一定的独立性。王国维先生在《殷周制度论》一文中已经指出，殷代和周代的重要区别，在于"天子诸侯君臣之分未定也……未有君臣之分"②。商代似乎并不存在类似于周初的大规模集中分封，在商代后期，还应当出现了商人内部血缘关系的淡化，这可能会影响商王与部分方国的关系。而归顺的方国与

---

① 参见《甲骨文合集》（946 正），上述几项义务可参见王宇信、徐义华：《商代国家与社会》，中国社会科学出版社 2011 年版，第 541—549 页。

② 王国维：《殷周制度论》，见《观堂集林》卷十，中华书局 1959 年版，第 466 页。

商政权的关系更加不稳定，一些臣服方国是自然发展起来的，具有较强的独立性。根据学者的统计，约有 26 个方国始终与商王为敌，时敌时友的方国有 51 个，始终臣服的方国则有 64 个。① 需要关注的是其中时敌时友的方国，这些方国与商王的关系极为松散，双方的关系常处于变化之中，② 而变化的关键，则是双方实力的对比。整体而言，商王朝的实力较强，但不排除在一定时期内，由于相对力量发生变化，商王朝对方国的控制力削弱，当方国的独立性强大到一定程度时，甚至可能对商政权构成威胁，无论周原卜辞还是传世文献都表明，周曾经臣服于商，但周始终具有相当的独立性，这一点也深为商王朝所忌惮，不断对周加以限制，但周在实力强大之后，却经过长期准备灭了商，正体现了这一层关系。

西周建政之后，周王室和封国的关系也继承了商代以来的独立性和统一性并存的格局。首先，西周时期的诸侯国具有一定的自主性，尤其是在其行政、军事职能等方面，具有一定独立国家的特征。受封的诸侯国国君接受封地的土地、人口，并对当地承担管理职责。从周王室获得土地、民众是受封诸侯的特点，这不仅有传世文献的证明，也得到了出土铭文的证实，克罍铭文就记载了周天子将土地赐予燕侯克的记录，③ 与《左传》等文献的册封诸侯之事基本吻合，受封后，诸侯就根据需

---

① 宋振豪：《商代史论纲》，中国社会科学出版社 2011 年版，第 272 页。
② 张光直：《商文明》，辽宁教育出版社 2002 年版，第 242—253 页。
③ 参见陈平：《克罍、克盉铭文及其有关问题》，《考古》1991 年第 9 期。

要行使其权力，《左传》等文献记载，康叔受封时，"封于殷虚。皆启以商政，疆以周索"，而唐叔受封时，则"封于夏虚，启以夏政，疆以戎索"，①康叔、唐叔均是姬姓贵族，对当地的管理因地制宜，这反映出诸侯国君的统治具有较强灵活性。受封的诸侯在封国内权力广泛，不仅限于行政管理，也是封国内司法、军事的最高权力所有者，在《尚书》中，康叔得到命令："呜呼！封，敬明乃罚。人有小罪，非眚，乃惟终自作不典；式尔，有厥罪小，乃不可不杀。乃有大罪，非终，乃惟眚灾：适尔，既道极厥辜，时乃不可杀。"②此处是周公对康叔的诰命，表明康叔在司法治理方面具有极强的自主性。此外，由于周初政治、军事局面尚不稳定，诸侯不仅要维系周在地方的统治，而且常要配合周天子征伐，其手中直接握有军队，如晋侯苏钟的铭文中，可以看到晋侯曾奉命投入兵力，参与周天子征伐宿夷的战争，并取得了成就。③总之，周初的封国均具有较为明确的土地、人口界限，同时国君具有相应的行政、司法、军事职能，封国不同于一般地方行政机构，已经具有了部分国家的特征。

不过，此时封国并非独立的国家的特点，也体现在周政权与封国的关系上。国家存在的最显著特征，除了具有政治、军

---

① 《左传》"定公四年"，杨伯峻编著：《春秋左传注》，中华书局 2000 年版，第 1538—1539 页。

② 孔安国传、孔颖达正义：《尚书正义》，见《十三经注疏》，上海古籍出版社 1997 年版，第 203 页。

③ 相关研究可参见牛清波、王保成、陈世庆：《晋侯苏钟铭文集释》，《中国文字学报》2014 年 7 月 30 日。

事等权力之外，还具有完全的"主权"，在政治上、军事上不受其他政权的合法管制和干预，而这一点恰恰是西周时期诸侯国所缺乏的。①周天子继承了商王的"天命"，成为天之元子，居于各封国之上，这种统治权得到天命的保障，具有合法性，也具有诸侯所不具有的"主权"，而诸侯国则受其管理。在西周时期，周天子的最高地位并非仅是理论上的，它具有现实的可操作性：通过分封制度，周天子成为诸侯的统治者，而诸侯则是周的屏障，对周天子效忠并为之服务。因此，周中央政权对诸侯的控制权得到了制度的保障。

除了制度之外，周天子对诸侯的控制也是以实力为基础的。在西周很长时间内，周天子的政治、军事、经济实力强大。自其初年始，周中央政权即拥有较为完善的管理机构，其中掌握实际权力的是天子及亲属，即周公等人，他们由于血缘关系居于周政权的核心，此外，卿士寮等管理机构此时也逐渐建立与完善，这些机构有效地保障了周天子的管理能力，对于各地的诸侯国，周王室甚至还设置官员进行监督。传世文献和铭文中，可以看到周王朝对地方诸侯有着较为明确的约束力，地方的侯、甸、男等贵族，虽然在其本国内有较大权力，但都是周天子管辖下的贵族，受到周天子的制约。从军事方面看，周天子拥有六师、八师等军事力量，军事实力强于一般诸侯，故常能在征战中居于主导地位。地方诸侯在履行为天子征伐的

---

① 李峰：《西周的政体——中国早期的官僚制度和国家》，三联书店 2010 年版，第 234 页。

义务时，常处于配合地位，前述晋侯征伐宿夷的战斗，就是为了配合周天子的征伐。因此，无论是从观念抑或是实践角度而言，周王朝最初具有强有力的管理组织和管理力量，并非虚位，而在政治军事领域附属于周天子的封国显然并不具有全部权力，只能成为周天子统治下的封国。

此外，周天子似乎并未将所有地方都交由诸侯国君管辖，关于周天子是否有直接统辖的千里王畿，学者们对此问题的意见尚未统一，[①]但传统上，不少学者认可畿内和畿外诸侯的两分法。其实，无论周天子统治区域是否稳定，周天子能够直接统治的区域应当是存在的。李峰认为，周代王畿地区的城市受到中央控制，由王庭任命的行政官员实施统一的管理。[②]在这一地区，周天子的权威是毋庸置疑的，它们与东方地区一样，都是周统治集团的一部分，因此在周统治区域内，周天子具有最高的统治权和主权。就管理体系而言，周天子和地方封国之间虽存在一定的权力划分，但西周时周天子对封国的统治权可以落实。王国维先生认为分封制度对于周人而言有重大意义，"天子诸侯君臣之分亦由是而确定者也"，由此周天子"非复诸侯之长而为诸侯之君"，从而确立起周初的基本政治格局，[③]该说法是有一定道理的。

---

① 赵伯雄：《周代国家形态研究》，湖南教育出版社 1990 年版，第 26—27 页。
② 李峰：《西周的政体——中国早期的官僚制度和国家》，三联书店 2010 年版，第 170 页。
③ 王国维：《殷周制度论》，见《观堂集林》卷十，中华书局 1959 年版，第 467 页。

及至春秋时期，各诸侯国的独立性日趋明显。此现象根源在于周天子实力的衰微，自然难以实质性控制诸邦。同时，各诸侯国国君实力进一步发展，具有在本国内最高的军事、行政、宗教等权力，逐渐摆脱周天子的实质控制，即所谓的"礼乐征伐自诸侯出"：军事方面，征战的权力掌握在诸侯国，特别是齐、晋、楚等国手中，不需要周天子的批准，甚至在春秋初年出现了诸侯国大夫射伤周天子的现象；各诸侯国之间相互战争、吞并的现象屡见不鲜，有些诸侯国被吞并，有些诸侯国的面积则进一步扩张，如《左传》襄公二十九年描述晋国强大的过程，就是"若非侵小，将何所取"？即以兼并小国实现扩张，可见这种兼并过程的现实性已经得到了时人的认可，显示出诸侯国独立性的发展。在行政与外交方面，各封国内部君主与卿大夫的君臣关系进一步明确，特别是在一些君主实力强大的封国，如楚、秦等国此现象更为明显，各诸侯国利益独立，对外交聘的权力也完全掌握在国君手中。因此，在部分学者看来，这些诸侯国已经具有了完整的"国家"职能，而周政权，此时并非稳定的、单一的政治体，只是诸邦联盟，这也是他们将先秦封国视为"国家"的重要原因之一。

不过，各封国具有相当的独立性，并不能否定对周天子与各封国国君君臣关系的认可。春秋前期，当齐桓公九合诸侯，一匡天下之时，周天子势力已经衰微，然而桓公并未否认君臣之分，葵丘会盟时，天子赐桓公胙，且命桓公无需下、拜，所谓下、拜即降于阶下再拜稽首，桓公回复："天威不违颜咫尺，小白，余敢贪天子之命，无下拜？恐陨越于下，以遗天子羞。敢不下拜？"①无论出于何种原因，君臣之礼在此处得到遵循。其后，晋文公在获得霸权后，也曾向周天子"请隧"，即请求死后用周天子的隧礼埋葬，此行为对周天子的权威是一个破坏，然而在周天子反对之后，晋文公遵守了礼法。②《左传》还提及，甚至被视为"蛮夷"的楚庄王曾经在周郊向王孙满"问鼎"，不过最终他还是承认周天子的权威。上述国君实力虽然增强，但仍在形式上尊重周天子的权威，这其中固然有现实考量，但也显示出政治传统具有持续影响力，周天子当时虽仅有形式之权威，但其毕竟是周共同体的象征，诸侯对周天子身份的认可，就意味着在分裂局面之中，仍然保留着内在的凝聚力，这正是传统的影响所在。

及至战国时期，仍然保留的诸侯国，主要有十余国，其中唯有齐、楚、燕、韩、赵、魏、秦等国实力较强，它们已不再是西周乃至春秋前期小国寡民的封国，而开始向地域性王国迈进，相应地，其独立性也更强。除了春秋时期即已存在的军事、政治、外交等权力继续保留和加强之外，各诸侯国君主权力进一步提高：原有参政甚至主政的贵族逐渐被战国时期的官吏所取代，后者并不一定出身高贵，也不一定拥有贵族所有的

---

① 《左传》"僖公九年"，杨伯峻编著：《春秋左传注》，中华书局 2000 年版，第 326—327 页。
② 《左传》"僖公二十五年"，杨伯峻编著：《春秋左传注》，中华书局 2000 年版，第 432—433 页。

封邑，因此其收入和地位主要来自于君主的赐予，故完全服从、效命于各诸侯国的君主。[1] 同时，君主通过郡县制度加强了对地方的控制，地方的统治者多不再是国君所封的贵族，而是国君任命的官吏。以上改变，使得各诸侯国中央集权和国君的权力大大加强，完全有能力摆脱周天子控制，独立走向争霸过程；而周王室实力远不如实力强大的诸侯，更加无足轻重，直至最后为秦所灭。

这些变化过程，反映出周王室和封国的统一性和独立性并非静止不变。随着周天子衰微和诸侯国实力的强大，原有的体制已不再适应时代发展的需要，必须对统治模式进行变革；但在各诸侯国独立性增强的背景下，变革并非总是彻底抛弃原有的制度，也不意味着战国时期只有分裂而缺乏统一。[2] 相反，它是对原有制度的扬弃：自春秋至战国，强国无不力图兼并弱国，特别是战国时期，主要诸侯国竞相变法图强，力图在争霸战争中获得胜利，这无不以统一为追求目标，可见，此时小国寡民的理想与现实政治并不吻合，独立的、分裂的地域性王国也并非各诸侯国所愿。在列国纷争中，重视农战的秦国最终胜出，由此建立了第一个中央集权的统一王朝——秦王朝。尽管秦所采取的管理方式与西周制度并不一致，但体现出的追求统

---

[1]　参见晁福林：《先秦社会形态研究》，北京师范大学出版社2003年版，第213—240页。

[2]　白寿彝先生主编《中国通史》第三卷乙编第五章第三、四节讨论了战国时期走向统一的问题，见白寿彝总主编，徐喜辰、斯维至、杨钊主编：《中国通史》（第三卷），上海人民出版社2004年版。

一的意识则与西周的政治传统一脉相承，特别是秦统一后所采取的郡县制，既来自于政治家对西周和春秋战国时期封建历史经验教训的思考，也与周初封建制度所要实现的"以藩屏周"总立场是一致的，秦虽二世而亡，但重视郡县制度成为后世中国维系"大一统"的政权所持的基本立场。

二、独立的希腊人城邦

古代希腊人的城邦作为小国寡民政治实体，在具有独立性这一点上与先秦时期的封国有类似之处。但与中国先秦时期不同的是，希腊人在历史上并未形成类似古代中国的统一政权，由于希腊人各城邦缺乏最高权力中心，因此，它们缺乏类似于中国的"统一性"。

希腊地区的城邦管理形式各异，但均具有追求独立的特性，这被视为它们的重要特点。古希腊人的城邦多是自发形成的，故独立性是建邦之初就具有的特点。在古风时代的殖民活动中，新建城邦往往是对母邦的复制，在人口、制度、传统信仰等方面，殖民地与母邦有千丝万缕的联系，母邦的公民在殖民地也往往享有一定的权利，这些都曾被法律文书所认可，如锡拉岛的公民在向海外殖民时，就明确了公民的权利与义务，[①] 某些时候，新诞生的被殖民城邦应当对母邦有所尊重，但

---

① 参见奥斯温·默里：《早期希腊》，晏绍祥译，上海人民出版社 2008 年版，第 110—111 页。

是它们与母邦法律地位平等，并不附属于母邦，母邦对新建立的殖民地也不具有统治权。此城邦之间独立和平等的传统一直保留至古典时代，在伯罗奔尼撒战争爆发之前，科林斯与自己的殖民地科基拉发生了冲突，科林斯在面对殖民地时并无太多统治优势，科基拉也并不受科林斯的控制，[①]就充分证明了这一点。

　　城邦之间的独立性受到各城邦的尊重，还表现为城邦一般不互相奴役。希腊人城邦最初的发展和扩张当然离不开战争和冲突，城邦之间为争夺土地等资源的战争也史不绝书，但是当城邦体制稳定下来之后，希腊人内部彻底灭亡其国，奴役其民的相互吞并例子却并不多见，多数情况下，希腊人在观念上承认并尊重各自城邦的自由身份，在冲突和臣服之后，并不以吞并对方、扩张自己的领土和人口为唯一目标。这种城邦的独立性，甚至得到了希腊人内部的霸主和希腊人之外人群的认可，不仅雅典等国在扩张的过程中形式上保留了被征服城邦的独立性，即使是吕底亚、波斯等东方专制国家，尽管其在本国采取君主专制统治，君主有权管辖境内各地，但某些时候也在表面上表现出尊重希腊城邦独立性的一面，并以此作为掩饰以维护统治，公元前387年，波斯大王以敕令的形式，发出所谓的"大王合约"，虽然其目的是为了维护波斯利益，但其中也明确提出：除个别城邦以外（有三个地方归属于雅典人）的希腊人

---

① 相关记载参见修昔底德《伯罗奔尼撒战争史》第一章。

城邦，应当保持独立（亚细亚等地城邦归属波斯）。①

　　承认希腊人的城邦具有独立性，并不意味着它们在现实上完全平等而不存在任何依附性。尽管在部分学者看来，丧失了独立的城邦已难以作为城邦，但从希腊历史实际情况而言，不少城邦相互结盟，而这就意味着它们应当协商一致，一定程度上失去了完全独立的特性。此外，城邦间的强弱关系使得部分城邦不得已臣服于别邦，在古典时代，提洛同盟中的一些城邦，在保持形式独立的同时，早已在政治、经济、军事等多领域丧失了自主权，不得不臣服于雅典，这一点已经为人所熟知；即使是伯罗奔尼撒同盟内部的城邦，其地位也并不平等，斯巴达人显然占有更高的地位。②除此之外，在古代希腊地区，还存在一类特殊的政治体——联邦，彼奥提亚联邦是代表之一，在该联邦中，仅有底比斯是独立的城邦，而其他城邦具有依附性。因此，城邦之间的依附关系在古希腊长期存在。在制度上，这些城邦组成的联盟或联邦，也具有一定的机构作为保证，如伯罗奔尼撒同盟内部可能有共同的议事机构，虽然斯巴达人在其中占据重要地位，但其他城邦亦有一定发言权；而在彼奥提亚内部，更是拥有共同机构和共有军队，③已经近似于国家形态。不过，联盟内部虽有霸主，但在政治观念上并不存在

---

① Xenophon, *Hellenica*, V.31.

② 从伯罗奔尼撒战争可以看出，同盟的开展、媾和等，都需要斯巴达公民大会的批准。

③ Robert J. Buck, *A History of Boeotia*, The University of Albert Press, 1979, pp.123–125.

中国的天下共主，联盟的成立，更不总意味着入盟的城邦作为独立政治实体已经消亡。而从这些联盟的入盟城邦范围看，它们并未形成囊括整个希腊人的共同体，最多也就是部分城邦的同盟，甚至在希腊人内部曾同时存在多个联盟，这更与中国先秦时期囊括天下的王朝有所不同。

既然古代希腊人内部从未形成统一性的国家，那么个别城邦是否有追求统一的努力呢？古典时代，雅典事实上已经建立起一个"海上帝国"，是否类似于西周王朝呢？可以看到，雅典帝国的性质并非一成不变，最初的提洛同盟以抵御波斯威胁为目的而组建，雅典是其核心，同盟国以提供战舰、贡金等方式为同盟服务，从希波战争结束后的局面看，这一同盟成立有其时代的必要性。但随着雅典实力和野心增加，同盟逐渐向"帝国"发展，因为盟邦对雅典的利益极为重要，故雅典全方位加强对同盟的控制。公元前 454 年，埃及起义失败后，同盟总部金库从提洛岛移往雅典，雅典进一步控制了各国的贡金，为其稳固统治提供了资金保障。在政治方面，雅典不允许同盟随意退出，更不允许其反抗自身统治，如在伯罗奔尼撒战争中，敢于反抗雅典的米提列涅遭受了沉重的惩罚，[①] 甚至曾经独立的米洛斯小岛也被征服。根据古典作家的作品，雅典还在各地设置官员，加强对城邦的控制，各邦的贡金和舰队原本是为了抵抗波斯之用，但却被雅典用于加强自身的武装力量，除了

---

① Thucydides, *History of the Peloponnesian War*, III.28–50.

用于与伯罗奔尼撒同盟争霸之外，也用于镇压各盟邦的反抗活动。雅典在经济领域加强对各邦货币的控制，并将部分雅典公民殖民至海外生活，从这些城邦获得土地；雅典的法律和司法审判成为加强霸权的重要手段。

从雅典与盟邦的关系看，表面上接近周王朝与封国的关系，而从实际效果看，二者有巨大不同：雅典虽号称"帝国"，但并非是传统意义上的帝国。从"帝国"的建立过程看，雅典不可能采用类似中国的分封制度以新建大量的城邦，而是通过结盟、征服等方式，逐渐控制一些独立的城邦。即使如此，雅典也未能在形式上剥夺所有盟邦的独立，盟邦在理论上也并非雅典的地方政权，甚至在伯罗奔尼撒战争中，有不少盟邦试图从雅典控制之下脱离出去。而雅典人在著名的"米洛斯对话"中，虽然强调弱肉强食的霸权政策，但似乎并未否定盟邦反抗的权力①——理论上盟邦若有足够的实力，他们甚至可以奴役雅典。因此，即使是强大的雅典，虽已经将不少城邦纳入控制之下，却从未能够建立强大的"统一"帝国。这种情形并不局限于古典时代，及至亚历山大时期及其之后仍然如此，尽管亚历山大已经征服了亚欧非三洲的广阔区域，但其建立的帝国内部并未能形成真正的政治和文化认同，帝国在其去世后即告瓦解。希腊化时代王国虽然已经加强了对城市的控制，但是其统治仍然是有限的，并未达到绝对的"统一"；在托勒密等王国，

---

① Thucydides, *History of the Peloponnesian War*, V.85–113.

统治者继承的并非全是希腊或马其顿的政治传统，更具有埃及等地的地方统治方式，而在希腊地区，原有的城邦形式仍然长期保留。总体来看，在政治上，由于古风古典时代，希腊人城邦中并不存在一个超越各城邦之上的共有统治核心，即类似于先秦时期周天子的这样的"共主"，因此也就难以产生政治上的统一。

从概念上而论，古代"希腊"这一名称，也并非一个政治概念，更不具有政治上的统一性，"希腊人"（Hellenes）主要是一种族群认同——尽管城邦可被视为古风、古典时代希腊最具有代表性的组织形式，但城邦各自为政导致了古希腊人难以产生政治认同；古希腊人的认同主要建立于文化、血缘认同之上，而文化认同、血缘认同若无政治实体作为依靠，也是较为脆弱的。

三、先秦华夏人和古希腊人的政治观念
——统一性与独立性问题

先秦华夏人和古代希腊人，特别是他们中的一些政治家、哲学家，在面对现实政治时，形成了各自的政治观念，保留在当时的文献之中。这也对现实政治乃至后世政治思想产生了深远影响，部分人的政治思想也为其他人的政治行为提供了理论依据。下面将对先秦华夏人和古希腊人文献中部分涉及这一时期政治观念中的统一性与独立性内容做出评介，以加深对二者

在此问题上异同的理解。

在中国先秦时期，以王朝为统治实体的观念被人们所接受，而天子又是王朝的最高统治者，其统治权受到维护，并被赋予了神圣性。《尚书·盘庚上》中有"不惕予一人"之说，"予一人"显然具有至高无上的观念，无论商代是否已有此说法，但它与卜辞中展现的商王具有至高无上的权力和地位是一致的。周代商后，确立了天命有德者的思想，王权至上观念在天命的护佑下，更具有合法性。"大盂鼎"铭文即提到："丕显文王受天有大命，在武王嗣文作邦，辟厥匿，匍有四方"，①肯定了周天子受天所佑，享有远及四方之权力。周人的四方并无明确的界限，甚至包括夷狄所在之区域（详见后文），诸侯自然也包括在内。类似的思想在《诗经》等文献中，亦不少见。如《诗经·大雅·民劳》有"惠此中国，以绥四方"等。这种维护周天子对四方统治权力的思想在春秋时期仍有影响，前述的齐桓公、晋文公、楚庄王的事例，都体现出对天子权威的尊重，尽管后世的"正统"观念此时未最终形成，但周天子权力至上的观点长期未受到挑战，如只有周天子才有资格拥有九鼎等物，而作为统治者亦必须以九鼎为象征物等思想已经萌发，及至战国时期，九鼎等物品仍是诸侯争夺的重器，②也是此思想的反映。

---

① 释文参见李学勤：《大盂鼎新论》，《郑州大学学报》1985 年第 3 期。

② 《战国策》"秦兴师临周"等事迹可知九鼎被当时诸侯国和周王室所重视。关于九鼎的"纪念碑性"可参见巫鸿著《中国古代艺术与建筑中的纪念碑性》（上海人民出版社 2009 年版）之"导论"——《九鼎传说与中国古代的"纪念碑性"》。

从维护君权和政令一致性的角度出发，君主的地位必须得到维护，无论是中央王朝，还是后来的诸侯国，都必须采取措施，以防止境内出现与君主相抗衡的力量，这客观上也防止了分裂。在西周时期，敢于直接抗衡天子的势力尚有限，但在春秋之后，周天子的尊严受到威胁，故管仲曾以"为君不君，为臣不臣，乱之本也"之语劝说桓公，[①]可见当时君臣之分在现实中已经有所模糊，但一般人仍然认可天子的地位，故王子带叛乱时，晋国等诸侯国支持周天子；在诸侯国内部，也存在着公族和权臣势力过大，可能影响君权之情形，从春秋前期"郑伯克段于鄢"到春秋后期楚国的"白公之乱"均是此现象的反映。因此，诸多政治家对此问题高度警觉，力图避免此类事件。《左传》鲁桓公十八年记载辛伯之语："并后、匹嫡、两政、耦国，乱之本也。"他认为，一国之内出现两个权力中心，是国家陷入动乱的根本原因，之后，在鲁闵公二年，晋国大夫狐突再次引用这段话，提到："内宠并后，外宠二政，嬖子配适，大都耦国，乱之本也。"这些言论，虽然有些出自周王室大夫，有些出自诸侯国大夫，却均反映出如何维护政令统一，是当时政治家们面临且重视的问题，因此，周政权和各封国都对境内的其他政治力量加以防备，客观上使得部分诸侯国内君权得到加强，政令也得以统一。

战国时期，各诸侯国的独立性更加显著，诸侯国之间的争

---

① 《国语·齐语》，见徐元诰撰：《国语集解》，中华书局 2002 年版，第 237 页。

121

霸战争愈演愈烈，给人民生命、财产造成了巨大的破坏，也造成了社会的动荡，但恰恰这个分裂的时期，社会对政治统一的要求更为迫切，不同的思想家均对此发表见解。①孟子认为，只有天下统一后，才能恢复社会的安定，他谈到："卒然问：'天下恶乎定？'吾对曰：'定于一'"，天下只能"定于一"，而统一的方式则在于实行"王道"，所以"不嗜杀人者能一之"，"如有不嗜杀人者，则天下之民皆引领而望之矣。诚如是也，民归之，由水之就下，沛然谁能御之？"②孟子的仁政观念源于其对于人性的认识，即人性本善，他的政治理想虽难以实现战国诸侯国争霸的目标，但其对统一的向往是符合时代需求的。同为儒家的荀卿，对孟子的人性论提出了批评，认为其"不及知人之性而不察人之性、伪之分者"，并表达了"法后王"的理想，提出将礼、法结合，荀卿通过强调人与人之间的等级差别，以达到加强圣王统治的目的，他与孟子的道路虽有不同，但追求统一的目标却与孟子一致。而身为荀卿弟子的韩非，更以一条不同的道路走向君主专制，韩非主张君主要结合法、术、势等手段，实现大权独揽，特别提出要控制分封，主张"有国之君，不大其都"，防止"国地削而私家富"的局面愈演愈烈；要求将人事、军事等权力均控制在君主之手，达到

① 关于先秦时期的政治思想，可参见萧公权：《中国政治思想史》，新星出版社 2010 年版，第 56—170 页。

② 焦循：《孟子正义》"梁惠王章句上"，《诸子集成》第 1 册，上海书店 1986 年版，第 42 页。

"独制四海之内，聪智不得用其诈，险躁不得关其佞，奸邪无所依"的控制效果，这与该时期加强君主权力，削弱封君、臣下权力的趋势是一致的。秦国虽未能重用韩非，却采用韩非之法得以强大，最终走上了统一的道路。除儒家、法家之外，当时的墨家思想以及《管子》等著作中也提出了各自加强统治的措施，其最终目的，都是求得统一。[①] 可见，战国时期的思想流派中，多以加强集权、追求统一为目标。由此而言，在战国列强争雄、分裂割据明显的背景下，人们对统一的追求也愈加渴望。

在古代希腊地区，城邦是希腊人生活的中心，城邦的现实利益对他们而言更为重要，超越了希腊人共同体的利益，更超越了整个人类的利益，因此古代希腊思想家更关注城邦自身，强调城邦的独立性。例如，亚里士多德在讨论政治体制之时，就曾经指出："这一城邦的体制安排绝不可能以战争或以征服敌人为基调，因为对他根本不会有敌人这类东西，……战争终究不是所有事物至高的目的，而只能是达到这一目的的一种手段。"[②] 有学者将其理解为，反抗别国的侵略便是好的，如果侵略其他的城邦则是非正义的。亚里士多德的哲学自有其形成背景，但希腊人在政治观念上强调城邦独立性，既是希腊人城邦现实的反映，更是希波战争影响的产物。在公元前 480 年，当希腊地区再次面临波斯征服的威胁时，不少城邦曾向波斯臣

---

① 可参见冯友兰：《中国哲学史》，华东师范大学出版社 2000 年版。

② Aristotle, *Politics*, 1325a4–8.

服，但雅典、斯巴达等城邦坚决抵抗，并最终战胜了波斯。在战争胜利后，对自由的渴望，特别是维护希腊人的自由，成为城邦的普遍追求，也正是在此基础之上，部分反抗波斯暴政的城邦结成"提洛同盟"，以抵抗波斯的威胁——虽然该同盟最终成为了雅典霸权的工具；而试图维护其传统霸权的斯巴达，也以"解放希腊人"作为口号，同样反映出当时希腊人观念中追求城邦自由的意识深入人心。

城邦的独立性也与希腊人对自由的认识相一致。尽管古希腊存在奴隶制度——奴隶被用于生产、生活，同时，自由民的个人自由也受到城邦的制约，[1]但古希腊公民和其他自由人的身份是得到认可的，这体现在各城邦内部，很少将共同体的成员变为奴隶，如雅典在梭伦改革之后，废除了将本国人作为债务奴隶的制度，[2]他们也较少将希腊人作为奴隶（也有例外，如斯巴达征服美塞尼亚等地之后，将当地人群改为"黑劳士"，如前所述黑劳士可能是奴隶[3]）。

在希腊世界，存在着重视希腊人共有认同观念的泛希腊主义思想（相关内容详见下文），且不乏强调此思想之人，例如，古典时代的色诺芬在其作品中刻画了希腊人的泛希腊观念；古典时代晚期，面对希腊城邦的危机，伊索克拉底、德摩斯梯

---

[1] 有关古代希腊人城邦对公民个人自由的限制，可参见 M.I. 芬利：《古代民主与现代民主》，商务印书馆 2016 年版。

[2] Aristotle, *Athenian Constitution*, 6.1.

[3] 参见刘家和：《论黑劳士制度》，收入《古代中国与世界——一个古史研究者的思考》。

尼，以及马其顿国王腓力二世曾先后提出各自的泛希腊主义建议。[1] 泛希腊主义重视希腊人与蛮族的对立，以及希腊人内部的一致性，那么这些思想是否与城邦各自的共同体意识不一致呢？首先，泛希腊主义是与蛮族而非希腊人的城邦对立的，更强调维护希腊人的共同利益，这种思想与希腊人的整体利益相一致，也与他们自希波战争之后日益发展的敌视蛮族的思想相一致。其次，希腊人的泛希腊主义与城邦的认同观念并不冲突，有时还会以城邦的意志为重，如古典时代雅典的克蒙、伯里克利等人均具有泛希腊主义，但他们的立足点仍是不违背雅典的个体利益，而古典时代后期的德摩斯梯尼是雅典人，他的泛希腊主义同样也是立足于雅典的利益之上，在注重希腊人共同利益的同时，关注雅典城邦的安危，此类政策与伯里克利等人主张一脉相承。[2] 就此而言，泛希腊主义思想并不意味着消解城邦利益至上，城邦的独立性仍然是学者和政治家关注的重点，当城邦利益与泛希腊的利益不一致时，城邦的利益往往高于希腊人的共同利益。

从西周至战国时期，虽然时代背景有所变化，人们政治思想的出发点也有所不同，但总的趋势都是维护最高权威的有效性，客观上有助于政权的统一。而在古希腊人的思想中，拥护城邦的独立性观念占据主导地位，即使存在所谓的泛希腊主

---

[1]　徐晓旭：《马其顿帝国主义中的希腊认同》，《世界历史》2008 年第 4 期。

[2]　S.Perlman, "Panhellenism, Polis and Imperialism", *Historia: Zeitschrift für Alte Geschichte*, Bd. 25, H. 1 (1st Qtr., 1976), pp. 1–30.

义，其立足点也在于城邦的利益，并未能影响他们对城邦独立的重视。这两种不同的思想，既是时代政治的产物，也为政治的发展提供了理论依据。

四、统一性与独立性存在的原因与影响

西周到春秋时期，各诸侯国具有一定独立性，且其自主性得以发展，这有其特殊历史背景。第一，西周建立之初，统治尚不稳固，周人以"小邦周"战胜"大邑商"，并无能力在全域内建立稳固的统治，鉴于不少地区统治并不稳固，反对力量较强，周人必须通过建立封国，以此为根据地强化对地方的统治。故周初封国多以可靠的同姓和异姓同盟贵族为君主，它们最初的存在理由就是巩固周天子的统治，即周人所说的"封建亲戚，以藩屏周"，如为了防止殷遗民的反抗，周人在东方殷之旧地附近设置管叔、蔡叔等"三监"，监视商人，为了与强大的反抗力量相抗衡，周初的封国都被赋予了较大权力和独立性，并拥有军事、政治力量，以便宜行事，维护周的统治。如《史记·齐太公世家》称"及周成王少时，管蔡作乱，淮夷畔周，乃使召康公命太公曰：'东至海，西至河，南至穆陵，北至无棣，五侯九伯，实得征之。'齐由此得征伐，为大国"[1]。按《史记》所言，齐国能够在大面积内实施征伐，这是

---

① 司马迁：《史记·齐太公世家》，中华书局 1959 年版，第 1480 页。

周王朝赋予的特权，为的是对付内外有威胁的政治力量，齐君除需服从周王的命令外，已享有相当大的独立性。随着时代发展，周天子统辖下诸侯国的实力不断增强，对国内事务的控制也日趋加强，甚至诸侯国内的贵族在各自封地内权力也不断强化，渐形成尾大不掉之势。第二，除却这些周初的分封贵族外，尚有部分贵族应该是原本就存在的，例如先秦华夏人认为，楚国王室并非周人的同族或姻亲，他们在周人建政之前，虽臣服于周人，但地位不高，与周人的关系相对疏远。① 周人为了稳固统治，承认其地位，并需要对其加以利用，以服务于自身统治，这些旧有势力保持相当的实力，也拥有极强的独立性。

　　商周的封国具有一定独立性，但从其分封原因和权力来源看，周初封建并非要分裂周邦，广建独立国家，而恰恰是要拱卫周天子的统治，维护最高的统治权威，因此它们同周王朝的关系又蕴含了统一性。自西周初年始，周天子为了巩固自身统治，在将权力分封给诸侯的同时，又试图控制各诸侯国，这是以拥有诸多保障作为支撑的。从力量对比而言，前文所提及的周天子拥有强大的实力，特别是军事实力，是其能够控制诸侯国的重要原因，周昭王时期，敢于征伐南方，虽未成功，却显示出当时周王室之实力足以威慑诸侯。从政治伦理来看，周初

---

① 参见《国语·晋语八》："昔成王盟诸侯于岐阳，楚为荆蛮，置茅蕝，设望表，与鲜卑守燎，故不与盟。"见徐元诰撰：《国语集解》，中华书局 2002年版，第 430 页。

确立的天命观念，也为周王室的统治赋予了合法性。除上述两点原因外，西周时期，周天子能够控制诸侯国，也是由于血缘和宗法制度为天子和诸侯之间提供了密切联系。周初受封成员以与周天子具有血缘联系的姬姓贵族为主，多为文王、武王和周公的后代，这是姬姓周人的核心，他们紧紧围绕在周天子周围，属周统治集团的重要成员。此血缘上的密切联系，在西周时期由宗法制作为保证：宗法制度是周人为确定继承和亲疏关系而设置，根据嫡庶关系确立大宗、小宗，明确其地位和继承关系。由于传统文献的模糊性，周天子是否进入宗法系统尚有争议，但不少学者认为宗法系统也将周天子纳入其中，周天子相对于受封诸侯为大宗。① 宗法体系对国君和诸侯国的关系起到了很好的调节作用，一方面，明确了天子和诸侯国君的地位有高低之分，周天子是统治者，诸侯国君服务于周天子，从而保障了周人统治体系的稳定；另一方面，大宗、小宗又是相对的，诸侯在天子面前为小宗，而在其国内则为大宗，是最高的统治者，这确保了其在封国内相对独立的地位。由于有宗法制维系，周天子与封国国君能够在较长时间内保持密切的联系，巩固了周天子统辖诸侯国的体制。除了姬姓的诸侯国之外，自西周开始，周统治集团中，尚有一些异姓诸侯国，如姜姓的齐国、子姓的宋国等。他们很早且较为固定地

---

① 关于周天子是否在宗法制中，古人有不同看法，《礼记·大传》即认为"此制为大夫以下设，而不上及天子诸侯。"但也有研究指出，周天子实为诸侯大宗。参见刘家和：《宗法辨疑》，《北京师范大学学报》1987 年第 1 期。

进入了周人的政治体系之中，如武王伐纣之时，即有其他人群参与其中；除却政治上较早形成的共同利益外，姬姓与异姓诸侯的另一重要联系纽带是联姻制度，双方建立了姻亲关系，而在周人的"宗盟"中，似乎也未将异姓诸侯国国君彻底排除在外。① 因此，姬姓宗法制度虽然不包括异姓，但与姬姓周人关系密切的异姓诸侯国君仍然是周统治集团的重要成员，这不但体现了周共同体的包容性，也从侧面印证了周天子对异姓人群同样有统治权。

无论是周天子的实力，还是血缘联系，都可能随着时间流逝而淡化。在西周时期，周天子和封国的关系尚能维持。这既是由于双方血缘联系、姻亲关系较为紧密，也是因为周天子有一定的实力。春秋之后，一方面天子式微，另一方面天子与诸侯国血缘联系日渐淡漠，导致君臣关系也日趋松弛，从而天子逐渐失去了对诸侯国的控制权，因此，春秋之后诸侯国与周中央政权的关系与西周时期有明显不同。

希腊人的城邦具有独立性也有其原因。这首先是由于其城邦的形成特点决定的。无论是自然形成的城邦，还是通过殖民活动形成的城邦，都并不依附于其他政治实体，也并非上一级任命的产物，因此，城邦天然就具有独立性；而城邦的独立

---

① 《左传》"隐公十一年"载："周之宗盟，异姓为后"，似乎非姬姓人群亦可参与姬姓的宗盟。见杨伯峻编著：《春秋左传注》，中华书局 2000 年版，第 72 页；参见钱宗范：《周代"宗盟"制度浅论》，《广西师范大学学报》1987 年第 3 期。

性能够维持，也与希腊传统和现实影响有关，除了前述分割严重的地形容易形成封闭、独立的城邦观念之外，城邦独立性也与希腊的现实政治相联系，希腊人历史上也曾经互相征战和征服，但在城邦体制之下，公民共同体是城邦的基础，而其存在使得城邦发展有其自身的限制性，当其发展到一定程度之后，城邦的管理、公民权利的行使等，都会出现困难，这使得当时思想家都对理想中城邦的规模做了限制，更难以向广域国家迈进。

我们在认可城邦霸权可能影响到城邦间关系的同时，也要看到城邦政治上的关系主要取决于它们之间的实力对比：处于依附地位的城邦无可奈何地承认不平等关系，霸主性的城邦与依附性的城邦并非法律规定的上下级关系，更非周天子与封国的分封关系。除盟约外，城邦的依附性并无法律规定，也与希腊人的传统相违背，绝大多数希腊人对剥夺城邦自由的政权存在着敌视情绪，此敌视心理不仅针对曾经奴役希腊人城邦的波斯帝国等异族政权，也针对希腊人内部的霸主，如雅典等城邦。伯罗奔尼撒战争中，斯巴达一方以"恢复城邦自由"作为宣传口号，赢得了不少城邦的支持，在爱琴海地区掀起了反抗雅典统治的运动，正是此思想的反映；而战后斯巴达未能实现城邦平等也引发了其他城邦的不满，加之斯巴达自身的困难，最终导致其霸权坠落；在马其顿兴起并成为希腊城邦的霸主之后，部分希腊人，如德摩斯梯尼，否认马其顿国王腓力二世的希腊人身份，[①]其中固然蕴含了希腊人和异族的冲突因素，但不能否定其中也蕴含对霸权的恐惧。这都反映出希腊人对霸权的不满和对自由的渴望，在此背景下，建立超越城邦的统一国家在希腊地区很难得到广泛支持。

从以上分析可以看出，在先秦时期，所谓的分封制最初是为了维护天子的统治，受封的诸侯国，乃至战国时期出现的地域性国家，均享有较高的自主权力，表现在政治、军事、经济甚至外交方面的相对独立性，但从现实或者观念的角度而言，这些国家从属于周天子的统辖，或者追求更大的统一，并最终实现了更大范围内、更深程度上的统一。这与古代希腊的城邦体制是不同的。古希腊人的城邦注重独立性，在一定时期内适应了其发展，但是其内部也存在危机，在古典时代中后期，城邦危机日益加剧，尤其是伯罗奔尼撒战争加速了城邦危机的深化，表现为财富集中与小农经济的破坏、公民制度的破坏、雇佣兵的兴起和公民兵制度的瓦解等。[②]但众所周知，城邦危机的根源也存在于城邦之中，城邦在发展过程中未能克服此局限性，特别是未能改变各自分散的状态而走向更大的统一国家，也需要为其制度的衰亡负部分责任。

---

① Demosthenes, *Fourth Philippic*, 33.
② 徐松岩：《公元前五世纪末雅典城邦危机的深化及其原因》，《齐鲁学刊》1989 年第 4 期。

第 七 章

中国先秦与古希腊时期的
族群观念

先秦时期，除了诸侯国和周中央政权关系之外，尚有两个与政治制度密切相关的问题，一个是族群问题，即所谓的夷夏之分，另一个则是"天下"观，即对自己所生活的世界之认识；这两个问题在古代希腊人思想中亦有可作比较之处，而二者特点也对后世的中国和西方历史影响深远。以下将就此两个问题展开讨论。

一、先秦的夷夏观念

古代中国人在形成自我认同之时，产生了所谓的他者观念，即对异族人群的认识，这种人群识别的意识可被称为夷夏观念。此时的夷夏关系不是单纯的族群问题，它与当时的华夏封国的政治结构，以及华夏的天下观念相联系。此外，对先秦时期的夷夏观念的研究，不仅可以揭示先秦民族关系、民族观念的发展变化，也可以更深刻地理解后世民族关系的发展变化。

西周之前是否存在夷夏观念难以证实，但在西周初年的文献中，周人已经自称为"夏"，《尚书·康诰》盛赞周文王曰："用肇造我区夏"。根据现有的文献，"周"曾是周人的统称，后世学者对"夏"的注释中主要有两种说法，一种将夏解释为"中国"，另一种将"夏"解释为"诸夏"，[①] 那么，周初统治集团与后来的华夏是否一致呢？从现有的资料看，周初分封中所受封的诸侯国，特别是其中的同姓人群和异姓诸侯国中的齐国等，正是后来华夏人群的重要组成部分，因此，虽然所谓的夷夏之分强化于春秋时期，但许倬云先生认为华夏的雏形在西周时期已经出现，[②] 在此基础上，当时的周人应该以政治共同体为基础，形成了一定的自我认同意识。

自我认同是相对于对"他者"的认识而言的，在周人自称为"夏"的同时，西周是否有所谓的"夷狄"认识呢？西周时期的夷可能分为两种，一种是与周人处于敌对状态之夷，例如，在传统文献和金文中，都可看出，当时东方某些人群对周政权的压力较大，西周中期，淮夷就曾经是周的劲敌，穆王时代的录��卣铭文记载，淮夷内侵，周天子不得不命令"以成周

---

① 将"夏"训为"诸夏"以伪《孔安国传》为主，后人多有此说；将"夏"训为"中国"者，以许慎为首，清儒牟庭、王闿运等家多从以"中国"解释，然而此"中国"非后世中国，有的强调其"国中"之意，也有的强调其居中之特征，与周边区域或人群有异。相关讨论参见顾颉刚、刘起釪：《尚书校释译论》，中华书局 2005 年版，第 1305 页。

② 许倬云：《西周史（增补二版）》，三联书店 2012 年版，第 158 页。

师氏戍于固次"①。正是让成周部队以防备淮夷。除淮夷外，猃
狁等人群也对周政权构成威胁，西周灭亡，正是由于猃狁。不
过，除了敌对状态的夷之外，文献中也不乏臣服之夷，如《师
酉簋》的铭文也提到"王乎史墙册命师酉，乃祖嫡官邑人、虎
臣、西门尸（夷）、𩫊尸（夷）、秦尸（夷）、京尸（夷）、弁身
尸（夷）"②。铭文中邑人、虎臣以及诸"夷"的含义在学术界存
在争议，但他们由周人统率，表明在归顺后已为周人服务。由
于所谓的"夷"既有华夏人群的对手，也有服从于华夏人群之
人，故有学者认为，西周时期的夷与夏，是阶级划分。③ 其实
这更像是政治身份的划分，即以是否能够进入华夏共同体之
内，将其分为华夏和夷狄。

尽管西周时期可能出现了华夷之分，但并未表现出后世
那样极强烈的华夷敌对观念，史料中强烈的华夷区分和敌对
意识多出现在春秋时期。这既是由于周王室式微，无力统率
诸侯抵御夷狄，甚至西周末年被夷狄所灭，夷狄冲击周人的
活动空间，并成为华夏的大敌；也是由于部分华夏诸侯国试
图扩张自己的领地，与所谓的夷狄人群产生了激烈的冲突。
在压力面前，齐等一些较强的诸侯国打着"尊王攘夷"的旗
号，以周天子的名义联合其他的诸侯国，抵御周边力量，这
对华夏的存亡有重要意义，如齐国在当时北御戎狄，南抗楚

① 《殷周金文集成（修订增补本）》，中华书局 2007 年版，器 5420，第 3394 页。
② 《殷周金文集成（修订增补本）》，中华书局 2007 年版，器 4291，第 2635 页。
③ 陈致：《夷夏新辨》，《中国史研究》2004 年第 1 期。

蛮，得到孔子称赞："微管仲，吾其被发左衽矣"。[①] 而晋国临近戎狄，其扩张必然也意味着与夷狄的冲突。在冲突之时，华夏将不同的"他者"视为具有共同性的统一体，并赋予了他们共同的称号，文献中"夷狄"、"蛮夷戎狄"的大量出现就是在此时。除了被视为不同的人群，所谓的夷狄也被赋予了负面形象，在《左传》等文献中，华夏对夷狄的批评史不绝书，如"狄，豺狼之德也。……狄，封豕豺狼，不可厌也"。"夫戎狄冒没轻儳。贪而不让。"此类言论将夷狄与华夏相对立，并对夷狄予以贬低，也进一步强化了华夏的自我认同。

由于民族融合与兼并，春秋后期至战国时期，华夏之间的夷狄已逐渐减少乃至消灭，各诸侯国之间的空隙已被瓜分，而所谓的夷狄则分布于华夏诸侯国外围。顾颉刚先生提出，"原先诸夏和夷狄的对立逐渐消失，因而诸夏、华夏等名号就很少再用，偶尔也作为地理名词用一下。"他还引《荀子·儒效》篇中"居楚则楚，居越则越，居夏则夏"，说明夏成为了一个地理性概念，而不是民族名称。[②] 而夷狄也相应地转化为与地理方位相联系的概念。此现象在《左传》中已经出现：

[①]　刘宝楠：《论语正义》"宪问第十四"，《诸子集成》第 1 册，上海书店 1986 年版，第 314 页。

[②]　顾颉刚、王树民：《夏和中国——祖国古代的称号》，收入《中国历史地理论丛》第一辑，陕西人民出版社 1981 年版。

仲尼闻之，见于郯子而学之。既而告人曰："吾闻之：
'天子失官，学在四夷'，犹信。"

所谓四夷即含有夷狄分布于四方之意。尽管战国时期，华
夷问题似乎有所缓和，但华夏观念中的夷狄形象始终未曾消
失，这一点从后世的观念中尚保留此观念即可看出，因此华夷
观念是否受到重视与各时期的华夷关系有关。

观念中，华夏和夷狄虽然处于对立状态，但从民族关系的
实践考虑，夷夏转变是可能的，先秦时期的华夏人并不排斥
这一点，《孟子》明确提到："吾闻用夏变夷者，未闻变于夷者
也。"① 强调夷狄转化为华夏的可能性。夷狄转化的关键在于夷
夏之别，但夷夏之别并不在于血缘。尽管华夏共同体内部也具
有共同血缘的意识，如将黄帝作为共同祖先，但若探究此观
念，似乎出现并不很早。相反，出现于《世本》《史记》等文
献中以黄帝为共祖的意识反倒可能是华夏共同体意识形成后的
产物。一般认为，夷夏之别的关键在于文化，即夷狄和华夏文
化不同，夷狄向华夏转化的关键在于采用华夏的文化，包括语
言、生活习惯在内，都可能成为区分华夷和华夷转化的标志。
在诸多文化区别因素中，华夏尤其关注"礼"的区别，特别是
其内涵而非形式。问题在于，古人所说的礼，并非只有仪式性
的含义，而是具有深层内涵。《说文·示部》称："礼，履也，

---

① 焦循：《孟子正义》"滕文公章句上"，《诸子集成》第 1 册，上海书店 1986
年版，第 230 页。

所以事神致福也。"① 这反映出，古人曾认为礼最初与宗教活动相联系，但自西周起，礼也具有社会属性。② 春秋时期的人们对此问题已经有了深刻认识。《左传》曾提到："礼，经国家，定社稷，序民人，利后嗣者也。"③ 可见，华夏人群中的"礼"对于保持国家社会正常的秩序，维持人与人之间的关系和伦理道德因素，都有积极而重要的作用，这是华夏文化的重要特征，而作为与华夏人群相对的夷狄，则被认为是缺乏华夏之礼，所以形成了夷狄"无耻""无亲""不式王命"等印象，礼成为华夏和夷狄的区别也就不难理解了。

由于"礼"与政治密切相关，那么接受华夏的礼，就不仅仅是宗教或习俗问题，也是认同华夏政治共同体的表现。从西周初年建立的周共同体，到春秋战国之后的华夏共同体，其内核是一脉相承的，都是政治认同的产物，即由认可周王朝政治传统的人群所组成，他们被视为华夏，相反，不认可周政权的人群则有可能被排斥在华夏范围之内，即使是同姓的人群也有可能被分为不同阵营。姜姓的齐国在周政权中占有重要地位，但也有一些姜姓之人，在西周时期已被视为夷狄以及华夏的对手，《国语》记载："（周宣王）三十九年，战于千亩，王师败绩于姜氏之戎。"韦昭注曰："姜氏之戎，西戎之别种，四岳之

---

① 许慎撰、徐铉校订：《说文解字》一（下），中华书局 2013 年版。
② 参见陈来：《古代宗教与伦理——儒家思想的根源》，三联书店 1996 年版，第 224—227 页。
③ 《左传》"隐公十一年"，见杨伯峻编著：《春秋左传注》，中华书局 2000 年版，第 76 页。

后也。"① 姜氏之戎与华夏的齐、许等国同被视为四岳之后，可能由于发展程度不一而产生了分化，在华夏观念中，四岳之后由于与自身亲疏有异而分属不同的阵营，姜氏之戎被视为夷狄。可以说政治认同是华夏认同的实质，而血统并非决定华夷区别之关键。至春秋战国时期，以周天子为核心的周中央政权逐渐衰落，但在周政治共同体上形成的礼乐文明，却被华夏保留下来，并被华夏各封国所认可。

华夏对教育特性和礼的特征的认识为族群转化提供了可能，从而为华夏政治影响力的进一步扩大提供了条件。一方面，华夏文化中承认人有接受再教育的可能，例如儒家思想家中，孟子承认"性善"、荀子承认"性恶"，但二人并不否认外部环境对"性"的影响。例如荀子就提出"'涂之人可以为禹'。'曷谓也？曰：凡禹之所以为禹者，以其为仁义法正也。然则仁义法正，有可知可能之理，然而涂之人也，皆有可以知仁义法正之质，皆有可以能仁义法正之具，然则其可以为禹明矣。'"② 说明人之所以可以向善，是由于他们能够知道并实现"仁义法正"，通过教育可以改变人的特性，可见战国思想家重视外部环境或约束的影响力。另一方面，以"礼"为代表的文化，特别是政治文化是可以后天学习的，故夷狄和华夏就存在转化的可能，而转化的重要标志则是他们是否采用华夏的礼。

---

① 《国语·周语上》，见徐元诰撰：《国语集解》，中华书局 2002 年版，第 21—22 页。

② 《荀子集解·性恶篇》，《诸子集成》第 2 册，上海书店 1986 年版，第 295 页。

从春秋时代到秦汉时期，随着华夏文明传播，夷狄对华夏文化日益熟悉及广泛运用，"礼"在华夏与夷狄转变中的作用逐渐成为现实，在文献中已经可以看到此类现象：《公羊传》"庄公二十三年"提到"荆人来聘"，而"荆何以称人，始能聘也"，所谓"荆人"就是楚人，本属于夷狄，但是他们尊重中国之礼，认可华夏的政治文化，与华夏交好，因此《公羊传》将其进为华夏成员。与之相反的是，某些华夏成员却因为不修礼，而被视为夷狄。[1]当然，传文的解释，主要是当时的史学家、政治家对不遵守华夏礼法行为的批判，并不一定与族群认同相吻合，但仍能体现先秦和秦汉时期，政治、文化对民族转化的影响力。从华夏人群的角度看，更希望夷狄转变为华夏，从而进入华夏政治共同体，而非出现相反状况。先秦时期，华夏认可夷狄向自身转化，原先的夷狄人群就有望进入华夏，而华夏的政治共同体的统一性，就有向周边进一步扩展之可能。

二、古希腊人的自我与蛮族观念

今天的希腊人在英文中被称为"Hellenes"，但在古希腊

---

[1] 《左传》"僖公二十三年"提到："十一月，杞成公卒。书曰'子'，杞，夷也。"杜注谓"成公始行夷礼以终其身，故於卒贬之。杞实称伯，仲尼以文贬称子，故传言：'书曰子'以明之。"杞为夏后，本是华夏的当然成员，但是由于用夷礼，却被孔子称为"子"而受到贬斥。参见刘家和：《关于中国古代民族关系特点的几点思考》，《河北学刊》2006 年第 3 期。

史学家修昔底德看来，"荷马史诗"中 "Ἕλληνες" 并没有后来的希腊人共同体之含义，[①] 结合文献来看，此说法有其道理。在《伊利亚特》第二章的"船表"中，该词主要指赫拉斯地方的人群。[②] 但是，这并不意味着此时的希腊人缺乏共有认同。在荷马史诗中，希腊人不仅有共同称呼，[③] 而且他们组成联军发动对特洛伊人的进攻，体现出他们已经具备了共同体意识，只是此意识较弱而已。随着时代的发展，希腊人内部联系日益加强。随之而来的，则是希腊人共同体内产生了他者意识以及与之而来的排他意识。[④] 古希腊人常将"异族的"称为 "βάρβαρος"，该词可能与"荷马史诗"中的 "βαρβαρόφωνος" 一词有关，[⑤] 斯特拉波在《地理志》中提到，它应该是一个拟声词，用来形容那些不能很好地使用希腊语，而在说话时发出"巴拉巴拉"声音的人[⑥]，有部分学者认为，希腊人与蛮族的对立意识产生和强化于希波战争之后，但这个词的含义表明希腊

---

① Thucydides, *History of the Peloponnesian War*, I.3.

② *Iliad*, II.684. 参见 J. Hall, *Hellenicity: between Ethnicity and Culture*, The University of Chicago Press, 2002, pp.125–127。

③ *Iliad*, 1.392;2.72.

④ 大约在公元前 7 世纪初，奥林匹亚运动会的冠军名单中出现了来自雅典、南意大利的希腊人城邦中的运动员，超过了伯罗奔尼撒半岛。但它的参加者却始终限制于希腊人行列，在一份截止到公元前 7 世纪前期的胜利者名单上，百分之九十以上的冠军都有明确的出身，他们大部分来自于伊奥尼亚、多里安等四大希腊人的次一级部族，只有大约 19 个人难以说明出身。参见 J. Hall, *Hellenicity: between Ethnicity and Culture*, p.163。

⑤ *Iliad*, II.867.

⑥ Strabo, *The Geography of Strabo*, 14.2.28.

140

人很早就产生了对其他人群的歧视，尽管这种情感可能最初并
不强烈。①

当然，希腊人和蛮族的对立之所以能够持久存在，希波战
争的影响不可忽视。公元前490年、前480/479年，波斯人曾
两次入侵希腊地区，特别是雅典等城邦成为波斯的主要对手，
但战争均以波斯的失败而告终。战胜波斯人极大地提高了希腊
人的民族自豪感和自尊心，原先较为模糊的"他者"意识得到
进一步强化，希腊人逐渐将自身之外的所有人视为统一的人
群，即"蛮族"，并赋予了其各种负面形象。除了传统上对蛮
族的歧视之外，欧里庇得斯的悲剧中提到，"希腊人中间存在
着法律或者风俗，而蛮族则缺乏这些东西。"②而亚里士多德则
认为，"他们不是想说我们自己（注：指希腊人）是奴隶，而
是想说蛮族人是奴隶。"③可见，缺乏法律、具有奴役性等负面
性，成为蛮族人的共有特性。

整体而言，古典时代希腊人和蛮族的对立趋势已经基本定
型，并为多数人所接受。不过，这一时期希腊人和蛮族的对立
与文化、政治等因素密切相关，而文化通过学习易于改变，希
腊人与其他人群的关系也可能随形势而改变。因此，多数人虽
承认希腊人和蛮族的对立，但对于如何划分二者的界限则有不

---

① 关于希腊人和蛮族意识的产生时期，可参见 E. Hall, *Inventiny the Barbar-
ian: Greek Self-Definition through Tragedy*, p.6。

② Euripides, *Orestes*, 485–87.

③ Aristotle, *Politics*, 1255a29.

同看法。在古典时代后期伊索克拉底和德摩斯梯尼在确定马其顿人，特别是马其顿王族的问题上就存在明显的不同，而究其根源，除了马其顿人自身在语言、习惯等方面和希腊人既有相似也有明显区别外，更是因为不同的政治立场赋予了他们不同的认识。① 及至希腊化时代，不同地区对希腊人与异族区分的差异性更加明显。在西部的爱琴海地区，希腊人仍然将马其顿人视为蛮族，而在东方王国内，希腊化的马其顿人和希腊人已经共同享有统治地位，埃及人等东方民族则仍被视为异族，处于被统治地位。尽管这一时期随着民族通婚和希腊文化的强势扩张，部分古典时期所谓的蛮族人群已经逐渐希腊化，但是基于希腊人与蛮族的长期对立，更基于维护统治的需要，蛮族观念不可能彻底消失，而是以新的形式保留下来。②

　　古希腊人观念中自我与蛮族的区别，固然包括了文化，尤其是古典时代之后，文化在族群区分中的重要性不断上升，但不能否认的是，在希腊人的自我认同和蛮族意识当中，血缘观念发挥了重要作用。公元前 6 世纪时期，伪赫西俄德的《名媛录》已经成书。书中构建起希伦父子的谱系，谱系上方的希伦被视为希腊人的祖先。他有三个儿子——多罗斯（Doros）、艾奥罗斯（Aiolos）和克苏托斯（Xouthos），而克苏托斯的儿子则是阿卡奥斯（Akhios）和伊奥（Ion），他们分别是多里安人、

① 　徐晓旭：《马其顿帝国主义中的希腊认同》，《世界历史》2008 年第 4 期。
② 　李渊：《希腊化时代希腊人的蛮族观念》，《求是学刊》2013 年第 1 期。

142

埃奥利亚人、阿卡亚人、伊奥尼亚人的祖先①。很显然，这个谱系代表了全体希腊人都处于以希伦为祖先的共同体中，而且相互间存在血缘联系，因此希罗多德后来说"我们希腊人有着共同的血缘"。血缘意识一旦形成，便具有极强的排他性，尽管古风时代开始，即有不少异族人尝试使自身融入希腊人的谱系之中，但始终难以成功。在古典时代，希腊人仍强调自身血缘的独特性，而蛮族和希腊人的对立，又使得希腊人认为自身血统优于其他民族。在古希腊历史上，希腊人的血缘观念影响深远，究其原因，一方面是不断有政治因素的干扰，如古典时代希腊人与蛮族的政治对立、希腊化时代希腊人强调自身统治地位的需要等；另一方面则可能是由于希腊人谱系形成较早，在希腊人和蛮族人冲突剧烈之时已经基本固定。尽管在民族交往的过程中，希腊人不断与其他人群通婚，在希腊化时代尤为明显，但观念上的血缘界限始终未能彻底打破，成为希腊人和所谓的蛮族人之间难以逾越的界限，也阻碍了人群之间的交流与融合。与之对应的是，古希腊人并非不强调自身与他者的文化区分，在古典时代之后，希腊人和蛮族的文化差异被突出，特别是希腊人的自由与蛮族人的被奴役等特点的对立，在希腊人的作品中，如埃斯库罗斯的《波斯人》等作品中不断出现，但这有其特殊的时代背景，是希腊人和波斯等所谓蛮族政治上紧张的产物，与血缘相比，它产生时代靠后。

---

① J.Hall, *Ethnic identity in Greek Antiquity*, Cambridge University Press, 1997, pp.42–48.

　　无论是华夏与夷狄的关系问题，还是希腊人与蛮族人的关系问题，都已经部分超出了古代商周王朝和希腊人城邦内部政治的范畴（周王朝并不视蛮夷处于周天子的统治之外），但它们与本文的核心内容又有密切联系。所谓的夷狄、蛮族，都被视为他者，长时间内均未能被纳入商周中央政权和诸侯国的政治体系，以及希腊人城邦政治的体系之内。但在如何看待他们的问题上，先秦时期的华夏人群和古希腊人却有着不同的思考。由于希腊城邦处于各自为政的状态，并未形成政治上的统一，加之在与波斯等民族的关系中，长期处于相对弱势的地位，古希腊人往往关注自身与异族在血缘、文化等各领域的对立，即使在民族关系有所缓和的年代，如希腊化时代，对立关系与对立观念都未能彻底消除，蛮族人很难被纳入到希腊人的政治体制之内。在古典时代，族群对立与希腊人的城邦政治相结合，其作用更加明显。而就华夏而言，固然也强调自我与他者的区别，但他们并不认为华夷之别无法跨越，尤其是战国之后，华夏人群认可并鼓励所谓的夷狄融入华夏共同体之内，成为华夏政治共同体的一员，此观点也与先秦时期华夏政权向周边的扩张过程相一致。无论是先秦的周王朝抑或是秦统一后的政权，均认可在文化认同和政治认同基础上，将夷狄人群纳入华夏统治的可能性，要求将自身统治的范围进一步向外延伸。这些特点有助于我们理解先秦政治和古希腊城邦政治各自的特点。

第八章

先秦时期华夏人与古希腊人的
世界观念

先秦时期华夏人群、古代希腊人在认识自我活动空间的同时，也在更大的范围内认识着他们所生活的世界，此世界不仅仅表现为对诸侯国/城邦、华夏/希腊人区域的认识，也包括对整个人类世界的认识。对此问题的了解，有助于我们认识他们对各自政治体制的理解和运用。

一、先秦的天下观念

先秦时期，华夏人群确立了"天下"的观念，中外学者对此问题已有丰富的研究。谈及天下观问题，先应对先秦时期"天"的含义做一阐述。在先秦的观念中，天有多重含义，包括物质之天、义理之天、主宰之天、运命之天、自然之天等，[1]这里要讨论的，主要是天与最高统治者之间在政治观念上

---

[1]　冯友兰：《中国哲学史》，华东师范大学出版社 2000 年版，第 35 页。

的联系。尽管有学者认为商人并无"天"之观念,但在周人观念中,"帝"与"天"有很强的相似性,例如,如《尚书·多士》记载"殷命终于帝",而《召诰》则说"天既终大邦殷之命",因此,即使商人尚无"天"之明确概念,后世的"天"之概念在商人思想中也应有类似的影子。[①]

不过,在殷周之际的变革中,周人将天视为至上神,天能够决定包括君主在内的人的命运,而君主也需对天负责。故《尚书·牧誓》记载,周武王伐纣之时,强调自己是"今予发惟恭行天之罚",即征商的行为得到上天之命令,具有合法性。而在殷周之际的变革中,高高在上的天与人,特别是君主发生了联系,不过此联系并非固定的、单向的,而是成为了可调节的、双向的,周人反复强调"天"的意志具有可变性,夏、商在历史上都曾经获得天命,但也都曾经失去天命,天命转移的根本原因则在于"德",因此,君主必须保有德行,以维持民心,保有和维持天命。[②]周人重视天命的重要原因之一,是因为看到了商周之际政权转移之迅速,并认为这与统治者个人的德行有密切关系,故试图以此警醒当代以及后代的统治者,以天命观念为重,争取永保政权。

天命可以转移的观念虽然具有警示作用,但同时也蕴含了一层含义,即天命的获得具有开放性,随时可以由无德者向有

---

① 罗新慧:《周代天命观念的发展与嬗变》,《历史研究》2012 年第 5 期。

② 周人的天命观可参见陈来:《古代宗教与伦理——儒家思想的根源》,三联书店 2009 年版,第 161—223 页。

德者转移。周人认可历史上夏、商、周三代的统治者都有得天命之事，而夏、商、周三代君主虽然在后世被建构为黄帝的子孙，但在当时毕竟被视为不同的人群，天命在他们之间的转移说明其并不属于某个特定的人群，难以被固定占有；待到春秋时期，在楚庄王问鼎的故事中，王孙满面对楚庄王的压力，提出"天命未改"以阻止楚人觊觎王权，不过，王孙满的言论并未排除楚人得天命的可能性，只是将其解释为时机未到。尽管楚国上层在庄王时期已经逐渐华夏化，但华夏人群仍常将其视为他者，可见即使非传统华夏人群之人，其争夺天命的合法性也未被周人彻底否认，这与历史上商、周政权的转移一样，反映出人们并不认为天命局限于某一姓、某一集团。此"有德者居之"的天命观极为重要，它不仅为商周间政权的转移提供了合法性，为后来包括秦在内的诸侯争夺天下提供了依据，也为后世少数民族政权融入华夏共同体并获得正统地位提供了可能。

周人承认天命可以在不同人群间的转移，固然与周人从商人手中夺得天命有关，因为他们必须承认自身从商人处夺得政权具有合法性；但从理论上讲，它也与"天"的特性相关，"天"本身并不局限于狭窄的空间和时间范围内，而是覆盖甚至超过了人们所活动的区域。落在现实社会中，天命与人的对应也并非单一的对应关系，周天子即使获得天命，也不能保证可以永保天命，因为在不受到空间限制的"天"之下，天命所针对的对象并非单一的，无论是作为统治者的天子，抑或是作为被统治者的其他人，都覆盖于天之下。在统治区域问题上，与天相关的正是天下观念。从政治概念而言，天下最初应当与统治者所占有的区域相关，但是，作为自然的"天"并不存在明确的边界，故先秦时期天下的外延就具有不断扩张的可能。

在西周时期，文献中已经出现了"天下"概念，如《尚书·召诰》中曾提到"其惟王位在德元，小民乃惟刑用于天下，越王显"。此外，在青铜铭文中也存在"天下"等词汇。① 这些文献中的"天下"虽然尚未出现明确的界限范围，但显然与周人的统辖区域有一定关系，为后世天下观念的扩张提供了一定基础。而到春秋时期，在《左传》等文献中，天下观念已经发生了变化。"天下"仍然可以指华夏人群统治的区域，例如《左传》曾载："其怀柔天下也，犹俱有外侮；捍御侮者，莫如亲亲，故以亲屏周。"② 周人成为了天下的共主，天下与外部处于对立之中，天下在一定程度上局限于周人统治范围之内，基本等同于华夏的统治区。不过，随着华夏人群与其他人群交往的增加，其他人群也可能进入华夏的生活区域，而华夏的生活区更是扩展到原先夷狄所生活的区域，故华夏的天下范围，在一定程度上也包含了原来夷狄生活的区域。《左

① 如"燹公盨"即提及"任在天下"，参见裘锡圭：《燹公盨铭文考释》，《中国文物历史》2002年第6期。
② 《左传》"僖公二十四年"，见杨伯峻编著：《春秋左传注》，中华书局2000年版，第425页。

传》曾记载费无极劝说楚王："晋之伯也，迩于诸夏，而楚辟陋，故弗能与争。若大城城父，而置大子焉，以通北方，王收南方，是得天下也。"①楚人承认自身居于辟陋，但又强调可得天下，显然，楚人甚至周边夷狄所生活的区域也被纳入了天下的范围。

这种天下观念，与周人对自身统辖世界的认识是一致的。自周初以来，周人并未将统治范围局限于某个区域——如华夏实际控制的区域，而认为其具有可向外延展的特点，因此周人有权力统治的区域超越了实际控制的空间。《国语》曾记载西周穆王将征伐犬戎之时祭公谋父之语："夫先王之制，邦内甸服，邦外侯服，侯、卫宾服，蛮夷要服，戎狄荒服。甸服者祭，侯服者祀，宾服者享，要服者贡，荒服者王。"②周人的世界是从内向外扩展的，尽管在不同层次上，远近有所区别，但包括犬戎在内的人群都臣属于周人，他们所生活的区域被纳入了天下这一共同体之内，犬戎虽被视为夷狄，但并不与周人彻底隔绝，而祭公谋父反对穆王远征犬戎，只是从国家统治利益的角度考虑，而并未否定犬戎对周天子的义务，也未否定周天子对犬戎的管理和惩戒权力。类似的描述，还出现在《尚书·禹贡》之中，该篇提到：

---

① 《左传》"昭公十九年"，见杨伯峻编著：《春秋左传注》，中华书局 2000 年版，第 1402 页。

② 《国语·周语上》，见徐元诰撰：《国语集解》，中华书局 2002 年版，第 6—7 页。

五百里甸服：百里赋纳緫，二百里纳铚，三百里纳秸服，四百里粟，五百里米。五百里侯服：百里采，二百里男邦，三百里诸侯。五百里绥服：三百里揆文教，二百里奋武卫。五百里要服：三百里夷，二百里蔡。五百里荒服：三百里蛮，二百里流。

东渐于海，西被于流沙，朔南暨声教，讫于四海。[1]

与《国语》相比，《尚书》所描述的历史时期更早，追溯到传说中夏禹时期，但其所构建的世界模式，同样是包括"四海"在内的广大世界，在构建的这个世界中，所谓的夷狄同样被吸收进来，并根据亲疏远近向中央王朝承担义务。《尚书》《国语》所载，当然不乏后世特别是战国时期人们的想象，但结合周人征讨淮夷等人群的铭文，可知从西周开始，周人确实有统治边界向外扩展之现象；而考察先秦传世文献，亦有周天子远征夷狄的传说，据说昭王南征楚国时殒身，故《左传》鲁僖公四年记载，齐人称"昭王南征而不复，寡人是问"。此类征讨在华夏人群看来，并非一般的族群间斗争，而是周天子对所管辖人群的合理征伐。此类观念的重要之处在于，既然同属于统治者管辖的范围之内，华夏可以向夷狄人群扩张，华夷转化也成为可能，华夏和夷狄之间的界限就淡化了，这对构建统一局面是具有意义的。

---

[1] 孔安国传、孔颖达正义：《尚书正义》，见《十三经注疏》，上海古籍出版社 1997 年版，第 153 页。

　　至战国时期天下的概念仍在不断扩大，而传统的天下观仍有一定影响。因为此时华夏与夷狄人群的融合更加深入，特别是原先夷狄人群生活的区域逐渐并入华夏之内，华夏人所接触和控制的地理范围也得到极大扩展，这一时期的天下概念，也从华夏传统活动区域向外进一步扩展。原有的经验世界已不能限制天下外延的延伸，人们所想象的地理范围远超出了直接接触的区域。因此在文献中，人们构想出了一套规模宏大的天下意识，乃至出现了方三千里、方五千里的天下，① 此类天下的内涵，尚以华夏人群生活的区域为主，夷狄人群在华夏之外，不过仍处于天下内部，这主要是对原有空间的扩展，虽然存在想象与理想化的问题，但基础尚不脱离传统上华夏对世界的认识。待其发展到极致，与原有天下的范围已距离遥远，甚至华夏也只不过是天下的很小一部分，例如，战国时期邹衍提出：

　　　　天下有九州，《禹贡》之土所谓九州也；《禹贡》九州，所谓一州也，若《禹贡》以上者九焉。《禹贡》九州，方今天下九州也，在东南隅，名曰赤县神州。复更有八州，每一州者四海环之，名曰裨海。九州之外，更有瀛海。②

---

① 渡边信一郎：《中国古代的王权与天下秩序》，徐冲译，中华书局 2008 年版，第 45—52 页。其对战国至汉代天下观扩张进行了分析。

② 王充：《论衡·谈天篇》，见《诸子集成》第 7 册，上海书店 1986 年版，第 106 页。

此观念将华夏生活的九州视为"天下"的八十一分之一，这是以华夏为主的天下观向外推演的结果。因为此前的天下观虽空间不及邹衍的九州观念气象宏大，但已经确定了天下是一个具有分层的世界，华夏不过是其中的一部分，且具有不断向外延展的特点，因此向外扩展就可以得到规模宏大的天下观念。

先秦时期的天下观念与族群观念相结合，对后世中国政治格局具有深远影响：华夏和夷狄均处于天下之内，华夏居于中心地位，而夷狄生活的区域居于华夏四周，天下是一个开放而非封闭的世界，随着华夏视野的开阔，其统治区域不断向外扩展；而前述的夷狄观念，也决定了所谓的夷狄与华夏并不是截然分开的。[①] 二者相辅相成，不仅为夷夏的融合提供了可能，也使得华夏政权的统治空间有了向周边扩展的可能，更使得周边人群被纳入华夏，甚至所谓的夷狄也可变成为华夏政权的统治者。在中国后世历史上，即有少数民族入主中原之现象，其统治者虽最初被华夏人群视为他者，却往往接受和认同华夏文化，同时又逐渐被华夏人群所认可；而进一步言之，他们要维护自身的统治的合法性，必须要更好地维护和促进华夏文化的发展。这种关系不仅促成了先秦时期各诸侯国和异族逐渐向统一方向发展，也保证了后世中国历史和文化的连续性。

---

① 对天下观与华夷观的研究，可参见邢义田：《天下一家——中国人的天下观》，载邢义田主编：《中国文化新论·根源篇·永衡的巨流》，三联书店1991年版。

二、古希腊人对世界的认识

　　学者们注意到，古代希腊人在认识世界时曾经存在着不同层次的认同意识，包括城邦认同，对伊奥尼亚、多里安等次一级族群的认同，以及对希腊人的认同，等等。[①]其中，认同希腊人的泛希腊主义应当是希腊人内部真实存在的意识。不过，正如前文所提及的，古代希腊以城邦为基本政治单位，对城邦的认同是希腊人认同的基础；与之相比，古代尚缺乏"希腊"这一共同政治实体，所谓的泛希腊认同主要依托于"希腊人"概念，与城邦认同相比，它相对淡漠，因而在城邦利益面前，希腊人的共有认同常被忽略。但是，泛希腊人认同又是一种确实存在的观念，依赖希腊人共有的血缘、文化认同，以及希腊人与蛮族，特别是与波斯人的对立，希腊人共同体的范围是相对固定的。

　　由于希腊人的概念相对固定，而他们又歧视所谓的蛮族，希腊人如何认识自己和蛮族所生活的区域成为一个重要问题，探讨这一问题时，应将希腊人对周边地理环境的了解和他们的世界观念做出区分。希腊人与蛮族交往历史悠久，与埃及、腓尼基、西亚等地很早就有了交流，但他们的关注点主要是自身生活的区域，对自身以外的世界关注是有限的。这从希腊语中 οἰχουμένη 一词含义可看出，该词具有"人类居住的地方"之意，古典时代的希腊人已经开始使用此概念，在《伯罗奔尼撒战争

---

① 参见徐晓旭：《古代希腊民族认同中的各别主义与泛希腊主义》，《华中师范大学学报》2008 年第 4 期。

史》中，修昔底德在开篇使用了该词，他认为古代希腊并不存在定居的居民，他笔下的 οἰκουμένη 并非指所有"有人居住的地方"，而是强调"希腊人居住的地方"。因此，οἰκουμένη 在此时对异族所居住的地区反映有限。[1]正如英国史学家柯林武德所言，外部世界对当时希腊人虽然并不陌生，但它们只是地理上的存在，而非历史的存在。而真正要具有完全的普世史意识可能要等待希腊化时代。[2]在后世的希腊人观念中，这一词语才真正具有了包罗世界的含义。

希腊人既持有歧视他者的意识，也存在对自身和外部世界平等认识的思想，"世界主义"（Cosmopolitanism）可能算作其中之一了，它主张无论政治依附关系如何，所有人均属于同一个共同体。[3]在今人看来，此思想否定了人与人之间的民族、城邦等差异，认为人在本质上是一致的。如果这种观念能够转化为现实，就极大地消除了希腊人和蛮族的界限，大大扩展了希腊人认识的空间，这对古风时代、古典时代的希腊人的城邦政治和族群观念均有重大意义。

但是，在考查"世界主义"这一概念时，也不能够盲目乐观。第一，世界主义的观念，并未能彻底地摆脱城邦思想

---

[1] 参见 H.G.Liddell and R.Scott, *Greek-English Lexicon, with a Revised Supplement*, p.1205。在英国史学家柯林伍德的《历史的观念》一书中，它被翻译为"人类世界"，中文或可译作"普世"。

[2] 柯林武德：《历史的观念》，北京大学出版社 2010 年版，第 32—35 页。

[3] Stanford Encyclopedia of philosophy, http://plato.stanford.edu/entries/cosmopolitanism/.

的影响，该词正来自于古希腊语"κοσμοπολίτης"（citizen of
the world），仍然是城邦意识影响下的概念。第二，"世界主
义"的起源可能并非是积极的。有人认为犬儒学派的第欧根
尼可能是世界主义较早的推动者，是他提出了世界公民的说
法，不过，已经有学者指出，第欧根尼虽然曾称自己为"世
界公民"，但他的言论应当从消极方面进行理解，其意义并非
是要强调人与人的平等或者消解希腊人和蛮族的对立，而是
强调其本人不属于任何一个城邦。[1] 第三，世界主义最初诞生
的背景是有局限性的。在古典时代希腊人和波斯人冲突的背
景下，希腊人尚未彻底突破希腊人和蛮族对立的二元格局，
也没有证据表明希腊人对外部世界的人群有了较为充分的认
同。当然，在希腊化时代之前，希腊人中并非全无突破希腊
人和蛮族界限的尝试者，据说智者学派的安提丰曾试图消解
希腊人和蛮族对立的思想，指出希腊人和蛮族并无本质的不
同，安提丰的思想是古代希腊哲学中有关"自然"与"习惯"
争议下的产物，[2] 但他的思想在古代希腊人中，应当不占据主
流地位。

　　世界主义观念获得发展，是在亚历山大东征之后，它开启
了希腊人历史的新篇章，希腊人和异族人交往的深度和广度大

---

[1]　M.Hadas, "From Nationalism to Cosmopolitanism in the Greco-Roman World",
Journal of the History of Ideas, Vol. 4, No. 1 (Jan., 1943), pp. 105–111.

[2]　参见汪子嵩等：《希腊哲学史》第 2 卷，人民出版社 1993 年版，第 202—
245 页。

为扩展，而亚历山大本人也致力于消除希腊人与异族的对立，希望建立一个多民族的国家，因而采取各种措施融合希腊人与蛮族，他也因此被视为世界主义的践行者。亚历山大的征服，对哲学家产生了巨大影响，世界主义理想被希腊化时代的斯多葛学派所继承，他们重视伦理和道德，认为无论其种族和民族，人们在道德上都是一致的。由此出发，他们希望打破原有城邦和民族的划分，建立世界性的城邦。例如，著名哲学家芝诺就曾设想，人类世界被视为整体，陌生人不再是敌人。① 斯多葛学派的世界主义思想，否定了不同民族生理的差异，从理论上打破了希腊人和异族的自然界限。在斯多葛学派的世界主义观中，世界已经结合为一体，自然不存在希腊人和蛮族的区分了。在希腊历史上，希腊人对世界的关注由自身居住的地区扩张至所了解的全部世界，进而使全部世界产生了联系。亚历山大的努力以及斯多葛学派的世界主义，在传统的希腊人和蛮族对立外，开辟了一条新路，试图解决希腊人和蛮族之间关系紧张的问题，这对消解希腊人的蛮族观念有一定意义，对于突破希腊人原有的政治困局也有帮助。

不过，与中国不同的是，世界主义思想投入实践则面临着较大的困难。在实践上，亚历山大去世后，其继承者分裂了帝国，在实践上抛弃了统一世界的努力，这表明亚历山大政治理想的破灭。在相继建立的希腊化王国内部，一些也未能建立真

---

① 威廉·塔恩：《希腊化文明》，陈恒等译，上海三联书店 2014 年版，第 80 页。

正意义上的统一国家，族群关系方面还存在着马其顿人、希腊人与蛮族的对立。就影响力而言，世界主义对传统观念的挑战仍然不足，坚持世界主义思想的哲学家，似乎也未能将自身理想转化为现实。从安提丰到斯多葛学派，他们的民族观念无论对当时的统治者，还是对社会现实产生的影响均有限，早在古典时代，占主流地位的是贬低和歧视蛮族的思想；希腊化时代斯多葛学派的哲学家被认为是"只能在统治者的王位背后提供建议"，①而世俗的统治者多非哲学家，他们首先考虑的是现实利益而非抽象的观念，加之传统的影响，政治家也难以从实践上突破原有的界限。即使在一般人中，似乎也没有证据表明多数希腊人认为自己的世界和外部世界是一个完全相同的整体。世界主义未能取代原有的观念，这并非偶然。希腊人的城邦观念和蛮族观念，特别是其歧视蛮族的思想从"荷马史诗"发展到希腊化时代甚至罗马统治时期，虽然表现有所不同，但始终存在；希腊人仍然认为自己是杰出的人群，而将其他人群置于次一等的地位，此思想在希腊化时代仍有较强影响。世界主义在突破希腊人和蛮族界限的同时，并未能够对当时的统治者提供适应时代需要和统治需求的有效建议，因而其效果有限。

就希腊人发展的历程看，他们认识世界的主要立足点，仍然是城邦本位主义，兼有在希腊人和异族对立背景下，坚持希腊人本位的泛希腊主义，此两种思想都有现实政治实体的支

---

① 威廉·塔恩：《希腊化文明》，陈恒等译，上海三联书店 2014 年版，第 346—347 页。

撑，或是有现实政治的需要。而融合希腊人和外部世界的世界主义观念，在希腊化时代虽对维系统治有一定积极意义，却仍缺乏强有力的支撑，因此虽然能够在理论层面上发展，却未能真正改变政治格局。

从对中国古代的天下观念和古希腊的世界观念的比较可以看出，先秦华夏人、古代希腊人的认同，都可分为不同层次，这与其政治现实是一致的。其中的差异在于：先秦到秦汉时期，在华夏观念中，华夷虽有亲疏远近之别，但天下观已经超越了华夷之分，将所谓的异族囊括其中，它能够真正反映政治的需要，同时服务于现实政治，推动了中国"大一统"局面的实现。而古希腊人的"世界主义"一词，从词源而论即植根于城邦观念之中，反映出城邦意识影响之深，更由于其在政治上的局限性，未能彻底突破希腊人与蛮族人的对立。

结　语

　　就古代中国与希腊早期历史而言，中国三代时期已有阶段性和朝代的划分，但在阶段性中，蕴含了政治连续性意识。这是由于周人确立了以"德"为基础的天命转移观念，从而将原本横向的人群关系转为了纵向的先后继承关系，且使得三代政权具有了内在的统一性。在政治的连续性基础之上，中国人又产生了历史的连续性意识，将自黄帝以来的先秦历史视为连续统一体，这对后世中国历史产生了深远影响。古代希腊由于不存在统一的政权，因而缺乏统一的政治连续性，而黑暗时代等阶段的确存在某些断裂，使得政治的断裂性越发明显，尽管在希腊史学中有人承认当时与过去的某种联系，但此类联系多属于个别性的联系，未能形成对古希腊政治和历史过程的有机、不中断的认识。

　　在国家起源方面，先秦时期中国和古代希腊人历史上都曾经历了国家的兴起和发展过程，其中古希腊人的国家形态还曾经中断，两次兴起的国家中，一次是爱琴文明时期的国家，另一次则是古风时代之后的城邦。在双方国家发展的过程中，中国的封建和希腊人的殖民活动都具有重要意义，但是二者产生的原因和表现形式却截然不同，这也导致了二者后来国家结构形式的差异。同时，中国古代历史并非严格遵循经典作家对国家兴起过程的论断，而是表现为血缘性组织在国家兴起之后很长时间内并未衰落，反与国家政权相结合，这对国家的统一性有重要意义；而古代希腊人城邦，特别是在雅典等城邦的兴起和发展过程中，地域性组织的重要性不容忽视。

先秦时期的封国和古希腊的城邦，均具有小国寡民的特点，不过，二者产生的原因有异，希腊人小国寡民城邦的产生，既受制于地理因素，也与其政治观念密切联系，而中国古代的诸侯国则主要是受制于最初分封时的现实条件，它们也与更大的共同体——周王朝相联系，因此一旦条件合适，就有可能通过兼并等方式实现扩张。二者的经济基础也有所不同，先秦时期最初的土地所有制和生产方式，带有明显的集体性质，并表现为层级占有的形式；而古代希腊人城邦中的土地占有和经济生产，则带有明显的小农经济性质，它巩固了作为城邦基础的公民制度。

在城邦管理方式方面，古代中国和希腊都存在民众和贵族参与政治的现象。直接民主制虽在后世具有强大影响力，但在古代希腊人的城邦中，只是诸多政治形式中的一种，中国古代的贵族执政与国人参政同样是特定条件、特定地域的产物，并不具备历史的普遍性。要正确评价两种制度，还需要将其放在历史背景下加以全面考量。

从政治结构方面看，西周的诸侯国具有一定的独立性，但从起始阶段，就是周王朝统治结构的一部分，建立之初的目的正是维护周天子统治；在周王室衰落之后，各诸侯国走向统一的格局并未改变。反观希腊历史上的城邦，相互之间虽可能存在附属关系，但理论上城邦地位平等，对自由的追求是各城邦的一致诉求，且城邦之上并无有效的政治实体加以统治，这一定程度上制约了城邦在面临危机时具备较强抵抗力，导致其无法向更大的广域国家转变。

在中国先秦时期，族群观念与天下观均处于不断变化之中。华夏人和异族之间区别在文化而非血缘，所谓的夷夏转化，尤其是夷狄向华夏的转化被普遍接受；先秦的天下观使得人们接受华夏和异族同处于一个天下之内，此观念也随着人们活动空间和视野的扩展而不断发展。无论是先秦的夷狄观念还是天下观念，都促进了民族的融合，促成了华夏政治共同体影响范围的扩展，为秦汉大一统局面形成打下了基础，并泽被后世。在希腊人历史的发展过程中，希腊人和异族的对立意识长期存在，即使在希腊化时代，希腊人与异族也多是一种统治与被统治的关系；希腊历史上曾经出现跨族群的通婚，也形成过世界主义的观念，但通婚并未彻底消解族群对立，而世界主义与城邦利益、希腊人利益相比，缺乏现实基础，长时间内难以转化为政治家的实践活动，也使得希腊历史上难以产生中国文明所具有的趋向统一的特性。

　　中国自先秦时期始，无论是国家形成过程、存在基础，还是管理方式，都使得中央政权和其下的封国在分立之中蕴含统一的趋势，这种观念与中国特有的族群、天下观念相结合，为后世中国统一王朝的形成和发展奠定了基础。后世王朝中的地方机构在理论上始终不脱离中央政权，而是作为中央政权的一部分，各级官吏更是中央王朝辖下的官员；即使国家处于分裂状态，甚至有多个政权对立之时，各政权也无不以正统自居，以统一为目标，尤其值得注意的是，此观念不仅存在于统治者心目中，也成为一般知识分子的共有认识，为中国历史和文化的统一性提供了保证。而这一点，恰恰是长期生活在相互独立的城邦之中的古希腊人所缺乏的。

大事年表①

年　代	古代中国	古代希腊
约公元前 3500 年	中国进入铜石并用时代	
约公元前 3200 年		爱琴文明时代的开端
约公元前 2600 年	进入龙山文化前期阶段	
公元前 2000—公元前 1600 年		米诺斯宫殿时期
公元前 2000—公元前 1900 年	陶寺文化晚期阶段	
公元前 1900—公元前 1500 年	二里头文化时期	
公元前 1600—公元前 1100 年	商代建立	迈锡尼文明时期
公元前 1300 年前后	盘庚迁殷	
公元前 1200 年		迈锡尼文明衰落，希腊历史进入黑暗时代

---

① 考古遗址的年代测定在学界有不同看法，本表仅取一家之说，以备参考。

先秦政治与古希腊城邦政治

续表

年　代	古代中国	古代希腊
约公元前 1046 年	西周建立	
公元前 9 世纪		荷马史诗逐渐形成
公元前 841 年	国人暴动	
公元前 776 年		第一次奥林匹克运动会
公元前 770 年	周平王迁都洛邑，东周开始	
公元前 8 世纪中后期		希腊人大殖民活动开始
公元前 722 年	《春秋》记事始年	
公元前 683 年		传说中雅典王政时期结束
公元前 679 年	齐桓公称霸	
公元前 632 年	晋、楚城濮之战	
公元前 594 年	鲁国初税亩	雅典梭伦改革开始
公元前 579 年	晋、楚第一次弭兵盟会	
公元前 536 年	郑国子产铸刑书	
公元前 508 年		雅典克里斯提尼改革
公元前 480 年		薛西斯远征希腊
公元前 478 年		提洛同盟成立
公元前 453 年	三家分晋	
公元前 443 年		伯里克利开始执政
公元前 445 年	魏文侯用李悝变法	

年　代	古代中国	古代希腊
公元前 403 年	韩赵魏三家被周威烈王承认为诸侯	
公元前 386 年	战国七雄局面形成	
公元前 378 年		雅典第二次海上同盟成立
公元前 350 年	商鞅变法（第二次）	
公元前 338 年		马其顿国王腓力二世征服希腊
公元前 334 年	魏、齐互王	亚历山大开始东征
公元前 323 年		亚历山大病逝
公元前 307 年	赵武灵王胡服骑射	
公元前 305 年		安提柯王国建立
公元前 288 年	齐、秦分称东帝、西帝	
公元前 274—前 271 年		第一次叙利亚战争爆发
公元前 260 年	秦、赵长平之战	
公元前 256 年	周朝断祀	
公元前 230 年	秦灭韩，开始统一六国	
公元前 221 年	秦统一六国	
公元前 146 年		罗马征服希腊
公元前 64 年		塞琉古王国亡于罗马
公元前 30 年		托勒密王国被罗马征服，希腊化时代结束

责任编辑：毕于慧

封面设计：林芝玉

版式设计：汪　莹

图书在版编目（CIP）数据

先秦政治与古希腊城邦政治 / 李渊　著 . — 北京：人民出版社，2020.9
（文明互鉴研究丛书 / 杨共乐主编）
ISBN 978 - 7 - 01 - 022399 - 5

I.①先…　II.①李…　III.①政治制度史 - 研究 - 中国 - 先秦时代 ②城邦 -
　政治制度史 - 研究 - 古希腊　IV.① D691.2 ② D754.59

中国版本图书馆 CIP 数据核字（2020）第 145474 号

先秦政治与古希腊城邦政治
XIANQIN ZHENGZHI YU GUXILA CHENGBANG ZHENGZHI

李渊　著

人民出版社 出版发行
（100706　北京市东城区隆福寺街 99 号）

北京盛通印刷股份有限公司印刷　新华书店经销

2020 年 9 月第 1 版　2020 年 9 月北京第 1 次印刷
开本：710 毫米 × 1000 毫米 1/16　印张：13.75
字数：135 千字

ISBN 978 - 7 - 01 - 022399 - 5　定价：42.00 元

邮购地址 100706　北京市东城区隆福寺街 99 号
人民东方图书销售中心　电话（010）65250042　65289539